9 **HAFENLUFT IN DUISBURG SCHNUPPERN** 140
Hafen von Weltrang, Schutzpatron Nikolaus, 83 Tonnen Rheinorange und eine magische Achterbahn
TIPPS: Restaurants, Ausgehen, Museen und mehr 152

10 **FASZINATION DES TECHNOLOGIESTANDORTS DORTMUND** 156
Malochen wird museumsreif, ein simulierter Landeanflug, surrende Drohnen und der Schuh von Mario Götze
TIPPS: Restaurants, Ausgehen, Museen und mehr 166

UND NOCH MEHR RUHRGEBIET 170
Das lohnt sich außerdem 172
Das Ruhrgebiet von A–Z 178
Mini-Dolmetscher Ruhrpottisch 184
Danksagung 188
Register 189
Bildnachweis 191
Impressum 192

Nice to meet you, Ruhrgebiet!

Willkommen im Ruhrpott!

Ich fühle mich im Ruhrgebiet einfach wohl. Das hat vor allem mit den Menschen zu tun. Nirgendwo sonst sind sie so direkt und ehrlich, offen und bodenständig und noch dazu solidarisch. Und Berührungsängste haben sie im Pott im Übrigen auch keine.

Ich habe in meinem Leben schon an vielen Orten in Deutschland gewohnt, gearbeitet und zeitweise Wurzeln geschlagen – im Ruhrgebiet zum ersten Mal während meiner Zeit an der Schauspielschule in Bochum. Nach Festengagements in Köln, Wien und Berlin baute ich mir ab 2001 eine Existenz als freischaffender Schauspieler auf und lernte nach meiner Scheidung eine wunderbare neue Frau kennen, die als gebürtige Wienerin im Ruhrgebiet lebte. Das kannte ich ja bereits, und es gefiel mir. Genau wie sie.

Also packte ich meine Koffer und zog nach Recklinghausen und habe das bis heute keinen Tag bereut.

Einmal, es muss gut drei Jahre her sein, stand ich auf der Straße vor unserem Haus und schnitt die Hecke, als ein älterer Herr vorbeikam und mich eine ganze Weile gründlich von der Seite betrachtete.

»Du wohnst hier?«

»Ja, ich wohne hier«, antwortete ich wahrheitsgemäß.

»Das gibt's ja gar nicht! Warum denn hier in Recklinghausen?«

»Na, irgendwo muss ich ja auch wohnen!«, sagte ich grinsend.

Er konnte das nicht so recht fassen, schüttelte leicht den Kopf und nach einem kurzen Wortwechsel verabschiedeten wir uns voneinander. Ich wünschte ihm noch einen schönen Tag und widmete mich anschließend wieder der Hecke.

Ein paar Stunden später, ich fegte gerade die letzten Blätter zusammen, kam der Herr wieder vorbei und beobachtete sehr genau mein Werk.

»Aber Arbeiten ist nicht so deins, oder?«

Ich fand diese Begegnung herrlich, weil sie direkt und erdend genau das beschreibt, was ich am Ruhrgebiet bis heute liebe und weshalb ich mich hier so wahnsinnig wohlfühle.

Das Ruhrgebiet ist einzigartig und dennoch als Industrieregion im Wandel auch exemplarisch für andere Regionen auf dieser Erde. Die letzten Zechen haben geschlossen, sind mittlerweile Museen oder UNESCO-Weltkulturerbe. Aus alten Industriebrachen werden Biotope und aus Schwerindustriestandorten Kulturbetriebe. Es ist viel passiert.

Doch was ist mit den Menschen, die ja generationenlang im Bergbau und der Schwerindustrie gearbeitet haben und teilweise auch deshalb ins Ruhrgebiet gekommen sind? Wird es auch in Zukunft für alle Arbeit geben? Was gibt es für Konzepte, diese Region in die Zukunft zu führen? Und was macht diese Gegend so besonders lebenswert?

Um die Faszination dieses Stückchens Erde zu ergründen und Antworten auf meine Fragen zu finden, schwinge ich mich aufs Fahrrad und mache eine Reise voller spannender Begegnungen mit Menschen, Landschaften, Idealen und Visionen.

Aber bevor es gleich richtig losgeht, vielleicht noch ein kleiner Hinweis vorab: Wir werden auf den kommenden Seiten ordentlich Strecke machen. Denn das Ruhrgebiet ist groß. Sehr groß sogar. Mehr als fünf Millionen Menschen, also gut sechs Prozent der Gesamtbevölkerung Deutschlands, leben hier auf einer Fläche von fast 4500 Quadratkilometern und machen aus dem Ruhrgebiet nicht nur den größten Ballungsraum der Bundesrepublik, sondern auch den drittgrößten in ganz Europa!

Und den erkundet man am besten mit dem Fahrrad. Wirklich wahr! Man würde das gar nicht denken, aber die Radwege im Ruhrgebiet sind zahlreich und verbinden auf den stillgelegten Eisenbahntrassen abseits der großen Autobahnen alle wichtigen Städte miteinander. Während der Verkehr die Städte verstopft, radelt man einfach gemütlich durchs Grüne von einer zur nächsten Sehenswürdigkeit

Als leidenschaftlicher Radfahrer habe ich die folgenden Kapitel deshalb so gestaltet, dass man seine Erkundungstour gut und gerne mit dem Rad unternehmen kann – am Stück, in Teiletappen oder vielleicht auch in einer ganz anderen Reihenfolge.

Aber nun genug der Worte, lassen Sie uns gemeinsam diese aufregende Reise durch das Ruhrgebiet beginnen. Denn ich möchte Ihnen gerne ein paar schöne Orte zeigen, tolle Leute vorstellen und ihre Geschichten erzählen.

Ihr

Meine Lieblingsorte
im Ruhrgebiet

Links: Der Industriestandort Duisburg vor nicht allzu langer Zeit
Unten: Einer Achterbahn nachempfunden: die Skulptur Tiger & Turtle in Duisburg

Von der Tribüne am Baldeneysee ist der Blick aufs Wasser besonders schön.

Unterwegs mit dem Heimatforscher Egon Kopatz in der Zechenstadt Gelsenkirchen-Hassel

Im Schauspielhaus Bochum verdiente ich mir meine ersten Sporen als Schauspieler.

Die ultimative Currywurst bei Herzogs – ein Muss!

»Tatort«: vor der Veltins-Arena, dem Stadion meines Vereins FC Schalke 04

»Rheinorange«: die stählerne Landmarke bei Rheinkilometer 780

Fast unberührt wirkt die Wald- und Seenlandschaft, die sich zu Füßen des BaldeneySteigs erstreckt.

Typischer Anblick im Wonnemonat Mai: leuchtende Rapsfelder, so weit das Auge reicht

Meine Fahrradtouren durchs Ruhrgebiet

Vom Ruhrfestspielhaus durch die Altstadt zu Ingos Fußballfabrik 12
Recklinghausen

Über den Börster Weg zu Theos Farm und bis zum Stimberg 28
Oer-Erkenschwick

Vom Bahntrassen-Radweg Allee des Wandels unterwegs zur Halde Hoheward 42
Herten

Über den Voßweg quer durchs Revier 60
Gelsenkirchen

Rundtour durch die kleinste Großstadt Deutschlands 76
Herne

Kultur- und Museumstour rund ums Schauspielhaus 92
Bochum

Hopping durch die Kulturhauptstadt von 2010 106
Essen

Genusstour mit reizvollen Abstechern 124
Baldeneysee

Hafenluft schnuppern an Rhein und Ruhr 140
Duisburg

Rundtour mit Einblick in die Arbeitswelt von morgen 156
Dortmund

Zu allen zehn Touren in diesem Buch stehen für Sie GPX-Daten zum kostenlosen Download bereit. Einfach den nebenstehenden QR-Code scannen und losradeln!

Den Eingang zum Ruhrfestspielhaus in Recklinghausen schmückt
die Bronzefigur »Große Liegende« vom Künstler Henry Moore

1

Recklinghausen – Musik und Spiele

Heimatgefühle, verdammt gute Musik, Fußballgötter, Ruhrpotthelden und ein Hauch von Hollywood

Alle Wege führen nach Recklinghausen

Wir beginnen an dem für mich schönsten Ort des Ruhrgebiets: in Recklinghausen. Hier habe ich nicht nur meine Bleibe gefunden, sondern auch viel über die Region gelernt. Nicht nur, welcher Fußballverein der richtige ist, sondern auch, wo es verdammt gute Musik gibt. Kommen Sie mit, ich zeig's Ihnen!

Beim Ruhrgebiet denkt man an Bochum, an Duisburg oder an Essen. Und all diesen schönen Metropolen werden wir natürlich auf den kommenden Seiten dieses Buches noch ausführliche Besuche abstatten. Keine Sorge! Aber ich möchte unsere Tour gerne an einem anderen Ort im Pott beginnen: in meiner Heimatstadt Recklinghausen.

Seitdem ich vor gut 20 Jahren hier angekommen bin, habe ich keine Sekunde daran gedacht, wieder wegzuziehen. In den Großstädten bin ich zum Drehen, Arbeiten und Auf-der-Bühne-Stehen ja ohnehin oft genug. Aber wirklich erholen kann ich mich nur hier. Und wenngleich Recklinghausen am äußersten Rande des Ruhrgebiets und somit kurz vor dem Münsterland liegt, ist man trotzdem nicht aus der Welt. Auch das mag ich an dieser Stadt ungemein.

Nicht ohne Grund führten in früheren Zeiten die wichtigen Handelswege mitten durch Recklinghausen und seine fünf Stadttore. Heute gelangt man durch Steintor, Lohtor, Martinitor, Kunibertitor und Viehtor in die wunderschöne Altstadt mit ihren urigen Gassen und den vielen Cafés und Restaurants, in denen ich nach anstrengenden Drehs so gerne entspanne.

Immer rein in die gute Stube!

Da ist zum Beispiel das Café Blond. Eigentlich ein spanisches Restaurant und eine gemütliche Tapas-Bar, doch finden hier auch regelmäßig tolle Livekonzerte statt. Musik hat in Recklinghausen nämlich schon immer eine große Rolle gespielt, und so kam es, dass im Laufe der Jahrzehnte einige weltbekannte Musiker ins Ruhrgebiet geholt wurden.

Der Marktplatz in der Altstadt: sozusagen die »gute Stube« von Recklinghausen

Im »Flexi«, dem ehemaligen Gemeindehaus in Recklinghausen, spielten Bands wie The Housemartins oder The Crusaders, bevor sie ihren großen Durchbruch hatten. Das »Flexi«-Team holte sogar Jazzlegende Miles Davis Ende der 1980er-Jahre für ein Konzert in die Vestlandhalle Recklinghausen.

Das ist natürlich lange her, aber die Faszination für Musik lebt in Recklinghausen weiter. Nicht nur im Café Blond oder in der Neuen Philharmonie Westfalen, die an dieser Stelle ausdrücklich zu empfehlen ist,

Die Altstadtschmiede beherbergt seit 1975 ein Jugendzentrum.

sondern auch in der Altstadtschmiede. 1870 als Huf- und Nagelschmiede am Ort erbaut, steht sie heute unter Denkmalschutz und fungiert seit 1975 als soziokulturelles Zentrum, das durch einen gemeinnützigen Verein betrieben wird. Hier finden ebenfalls regelmäßig Konzerte und Kleinkunstdarbietungen statt. Jeden Donnerstag gibt es eine freie Jazzsession und jeden zweiten Mittwoch im Monat eine Pop-Rock-Akustik-Session, bei der jeder, der mag, mitspielen oder zuhören kann.

Die Altstadtschmiede ist vor allem auch ein Jugendzentrum und bietet von einer eigenen Big Band und einer Musicalgruppe bis hin zur Disco jede Menge Programm für Jugendliche – und mit dem 14-tägigen Tanz- und Kaffeeklatsch zusätzlich ein beliebtes Angebot für Senioren. Seit 2013 existiert außerdem eine eigene Fußballmannschaft, die der Altstadtschmiede angehört.

Die Fußballfabrik läuft auch Hochtouren

Fußball ist überhaupt ein gutes Stichwort. Ich glaube, es gibt keinen Ort auf der Welt, wo die Leute so fußballverrückt sind wie im Ruhrgebiet. Einer, der darüber bestens Bescheid weiß, ist mein Freund Ingo Anderbrügge. Ingo kennt im Pott jeder. Aus gutem Grund.

Als ehemaliger Profifußballer hat er die unglaubliche Leistung vollbracht, erst bei Borussia Dortmund zu kicken, ehe er 1988 zum direkten Konkurrenten, dem FC Schalke 04, wechselte. Mit den Knappen wurde er 1997 UEFA-Pokalsieger und 2000 außerdem als einer der besten Spieler aus 96 Jahren Vereinsgeschichte in die Jahrhundertelf gewählt.

Nach seiner aktiven Profifußballerkarriere entschloss Ingo sich, die »Ruhrpotthelden« ins Leben zu rufen. Eine Organisation, die für einen guten Zweck Fußballspiele mit Prominenten organisiert. Mit der Fußballfabrik entwickelte er zudem das Konzept für eine mobile Franchise-Fußballschule, die Kindern und Jugendlichen in Trainingscamps Spaß am Fußball und vor allem Werte, die auf das Leben vorbereiten, vermittelt.

Fußball als Religion

Wenn sich einer mit Fußball auskennt, dann Ingo. Wie erklärt er sich die Faszination für Fußball im Ruhrgebiet, die ja fast schon religiöse Züge angenommen hat und so vielen Menschen eine Identifikationsfläche bietet?

»Das ist eine Begeisterung, die über Generationen weitergegeben wird«, sagt Ingo. »Wenn wir uns mit unseren Vätern und Opas unterhalten, dann weiß man, wo das herkommt. Der Bergbau hat im Revier die Zeiten geprägt.

Nach getaner Arbeit ging man in die Kneipe, um Fußball zu schauen. Das war das Hobby der Bergarbeiter.«

Hinzu kommt in den Augen von Ingo, dass das Ruhrgebiet eine richtige Fußballmacht ist. Neben dem BVB und dem S04 sind auch der VfL Bochum und der MSV Duisburg wichtige Club-Institutionen.

Ganz in seinem Element: mein Fußballfreund Ingo Anderbrügge

»Mit Erfolgen und Misserfolgen der jeweiligen Vereine sind dann natürlich Rivalitäten entstanden, die auch in die nächste Fan-Generation weitergetragen werden«, erklärt Ingo mir. »In der heutigen Zeit sorgen außerdem Merchandise und Fanartikel dafür, dass die Liebe zum jeweiligen Verein noch bildlicher geworden ist.«

Ein ganzes Leben lang

Eine Leidenschaft, die länger anhält als nur die 90 Minuten im Stadion und nicht selten mit in den Alltag genommen wird. Etwa dann, wenn die Schalke-Tasse des Kollegen im Büro plötzlich fehlt oder die BVB-Fahne aus dem Schrebergarten mit einem Mal nicht mehr aufzufinden ist.

»Für viele hält diese Liebe zum Verein das ganze Leben«, sagt Ingo. »Es gibt viele Kinder, die gleich nach der Geburt schon Mitglieder werden. Ein bisschen wie eine Taufe.«

Wenn man sich mit Ingo unterhält und die Begeisterung für den Sport spürt, dann versteht man, warum ihn der Fußball auch nach seiner aktiven Zeit nie losgelassen hat. Er investiert zum Beispiel in den Nachwuchs. Aus gutem Grund.

»Früher hat man sich auf dem Bolzplatz getroffen«, erzählt Ingo.

»Arm, reich, schlau, weniger schlau – alle haben zusammen Fußball gespielt.« Eine Art von klassenübergreifendem Kick, der heute immer seltener wird.

Stattdessen gibt es Fußballschulen, deren mitunter hohe Gebühren sich nicht jeder leisten kann. Ingo ruft kurzerhand den Verein Aktion

Dank Ingo durfte auch ich schon ein »Ruhrpottheld« sein.

Teamgeist e.V. ins Leben, um sozial benachteiligten Kindern die Chance zu geben, Fußball zu spielen und sich als Gemeinschaft zu finden.

Wenig später gründet er die »Ruhrpotthelden«. Eine Mannschaft, bestehend aus Unternehmern und Menschen aus der Öffentlichkeit, die regelmäßig Charity-Spiele für den guten Zweck veranstalten.

»Wenn die nach dem Spiel in der Umkleide sitzen, ein Bierchen trinken und mir sagen, wie viel Spaß ihnen das heute gemacht hat, dann spüre ich, dass die Emotion des Fußballs wirklich jedem guttut.«

Als jemand, der auf Einladung von Ingo auch schon als Teil der »Ruhrpotthelden« auf dem Platz stand, kann ich dem wirklich nichts mehr hinzufügen.

John Malkovich an der Ruhr

Wenn wir über Recklinghausen sprechen, dann müssen wir natürlich auch über die Ruhrfestspiele sprechen. Denn einmal im Jahr verwandelt sich die Stadt in eine internationale Metropole der Kultur und des Theaters – nicht nur auf dem grünen Hügel! Internationales Schauspieltheater, aber auch Tanz- und Performance-Produktionen, Lesungen, Konzerte, bildende Kunst – im Festspielhaus und der ganzen Stadt gibt es nichts, was es nicht gibt.

Nicht selten findet während der zwei Wochen auch der eine oder andere Star aus Hollywood seinen Weg zu uns.

HÄTTEN SIE GEWUSST

... dass einer der beliebtesten deutschen Entertainer ein waschechter Recklinghausener ist? Klar, gemeint ist damit natürlich das Multitalent Hape Kerkeling, der als Komiker, TV-Moderator, Schauspieler und auch als erfolgreicher Buchautor jedem ein Begriff ist. Aufgewachsen ist der Sohn einer Floristin und eines Tischlers im Stadtteil Bockholt, sein Abi machte Hape am Marie-Curie-Gymnasium. Und 2019 soll er sogar von den Grünen gefragt worden sein, ob er nicht für das Amt des Bürgermeisters in Recklinghausen kandidieren wolle. Aber diese Karriere hat er dann doch nicht weiterverfolgt.

2010 war zum Beispiel John Malkovich in der musikalischen Theaterfassung des Kinofilms »The Infernal Comedy – Confessions of a Serial Killer« als Serienmörder Jack Unterweger zu sehen. 2018 kehrte er wieder zurück und eröffnete die Ruhrfestspiele in der Rolle des Giacomo Casanova.

In seiner Freizeit schlenderte der US-Schauspieler natürlich auch durchs schöne Recklinghausen und erregte prompt die Aufmerksamkeit einer Anwohnerin, die ihn gleich um ein Autogramm bat. Was er denn schreiben solle, wollte Malkovich wissen. Die Antwort kam wie aus der Pistole geschossen: »Na, alles Liebe, Ihr George Clooney!« – und John Malkovich tat, wie ihm befohlen.

Ein Glanzlicht in der Recklinghäuser Kulturszene: die Ruhrfestspiele

Was?

Seit 1947 finden die Ruhrfestspiele in Recklinghausen statt. Dieses Theaterfestival, eines der bekanntesten in Europa, hat es sich zum Ziel gesetzt, unterschiedliche Kunstformen, Sprachen und Kulturen unter einen Hut zu bringen.

Wo, wann?

Ruhrfestspiele

Es gibt verschiedene Spielstätten, Hauptspielort ist das Ruhrfestspielhaus. Darbietungen gibt es auch im Festspielzelt, in der Halle König Ludwig 1/2, Kunsthalle Recklinghausen, Christuskirche, im

Man kommt einfach nicht dran vorbei: am Café Blond – Casa Rubio.

Theater Marl, Stadion Hohenhorst und im Stadtgarten. Dauer: von Anfang Mai bis Mitte Juni.

- Kartenstelle (Mo–Fr):
  Martinistr. 28
  45657 Recklinghausen
  Tel. 023 61/92 18-0
  E-Mail: kartenstelle@ruhrfestspiele.de
  www.ruhrfestspiele.de oder
  www.ruhrfestspiele.de/webshop

Was?

Livemusik, Kleinkunst, Klassik und Schauspielkunst in diversen Lokalen der Altstadt

Wo, wann?

Café Blond – Casa Rubio

Spanisches Restaurant und authentische Tapas-Bar mit gemütlicher Atmosphäre. Bei schönem Wetter lädt der romantische Biergarten zum Verweilen ein. Besonders stimmungsvoll an Abenden mit Livemusik.

- Heilige-Geist-Str. 5
  45657 Recklinghausen
  Tel. 023 61/406 88 09
  www.cafe-blond.de
  Tgl. 18–24 Uhr

Neue Philharmonie Westfalen

Das größte der drei Landesorchester Nordrhein-Westfalens, das auch außerhalb seines Einzugsbereichs wichtige Gastauftritte hat: z. B. gab es Konzerte mit Anna Netrebko in Mannheim und Hannover oder mit Starpianist Lang Lang anlässlich des North Sea Jazz Festivals in Rotterdam.

- Castroper Str. 12c, Im Depot
  45665 Recklinghausen
  Tel. 023 61/48 86-0
  www.neue-philharmonie-westfalen.de
  E-Mail: info@neue-philharmonie-westfalen.de
  Instagram:
  @neuephilharmoniewestfalen
  www.facebook.com/NeuePhilharmonieWestfalen

TIPPS

CAFÉS, KNEIPEN UND RESTAURANTS

»Gute Stuben« in der Altstadt, Szenelokale, Schankwirtschaften, Ristorante und Konditoreien

Café Helene

Eingebettet in den Erlbruchpark liegt das Restaurant und Café Helene. Das Gelände, auf dem sich das Restaurant befindet, ist im Stil eines englischen Gartens angelegt und lädt zum Verweilen und Träumen ein. Das Café wurde vom Unternehmertrio Henning Prinz, Lars Tottmann und Marius Ebel gegründet, die bei der Auswahl ihrer Produkte besonderen Wert auf die Herkunft und Qualität legen.

- Erlbruch 34
  45657 Recklinghausen
  Tel. 023 61/403 74 03
  www.helene-recklinghausen.de
  E-Mail: info@helene-reckling hausen.de

el Olivo

Gemütliches Restaurant mit typisch spanischen Speisen aus frischen und hochwertigen Zutaten, die den Gast an den letzten Sommerurlaub erinnern.

- Reitzensteinstr. 58
  45657 Recklinghausen
  Tel. 023 61/486 86 00
  www.el-olivo-restaurant.de
  E-Mail: hola@el-olivo-restaurant.de

Kneipe Drübbelken

1906 als Schankwirtschaft eröffnet, ist die »Gute Stube« der Szene nicht mehr aus der Altstadt wegzudenken. Kunst und Kultur finden in dem urigen Szenelokal eine Bühne.

- Münsterstr. 5
  45657 Recklinghausen
  Tel. 023 61/234 93
  www.drueb.de
  E-Mail: info@drueb.de
  Instagram: @druebbelkenre
  www.facebook.com/druebbelken

Die Altstadt besitzt noch einige schöne alte Fachwerkhäuser.

Konditorei Sindern

Traditionsreiche Konditorei, die seit drei Generationen Torten, Süßes und Marzipan aus Meisterhand zaubert.

- Am Stadion 27
  45659 Recklinghausen
  Tel. 023 61/236 66
  www.konditorei-sindern.de
  E-Mail: info@sindern.com

Lemon Beach Club

Das Strand-Restaurant serviert Burger, Salate und Drinks. Dazu frei Haus: Küsten-Feeling und Wohlfühlatmosphäre am Rhein-Herne-Kanal.

- Am Stadthafen 10
  45663 Recklinghausen
  Tel. 023 61/960 62 11
  www.stadthafen.com
  E-Mail: info@stadthafen.com
  Instagram:
  @stadthafenrecklinghausen
  www.facebook.com/Stadthafen.RE

Ratskeller

Stylishe Eventlocation für Partys, Hochzeiten und Firmenfeiern. Im historischen Gewölbekeller des schönsten Rathauses Nordrhein-Westfalens könnt ihr unbeschwert durch die Nacht feiern.

- Rathausplatz 3
  45657 Recklinghausen
  www.ratskeller-re.de
  E-Mail: info@ratskeller-re.de
  Instagram:
  @ratskellerrecklinghausen
  www.facebook.com/
  ratskellerrecklinghausen

Ristorante Carmelo

Ein toller Italiener, der seit 1994 von Carmelo Cinquemani, seiner Frau Dina sowie den Söhnen Cono und Gianluca geführt wird. Die »cucina« ist mediterran und köstlich, das Ambiente heiter und unbeschwert, der Service persönlich und freundlich.

NICHT VERPASSEN

Pferdemetzger Hobbold

Früher galt das Fleisch vom Pferd als Essen der armen Leute, heute ist es in Ländern wie Italien oder Frankreich eine echte Delikatesse. In Deutschland eher nicht. Dabei ist Pferdefleisch deutlich fett- und cholesterinärmer als Schweine- oder Rindfleisch. Das weiß man auch bei Hobbold, wo bereits in der vierten Generation Pferdeklopse, Sauerbraten, Steaks und Gulasch angeboten werden.

- Brandstr. 11
  45657 Recklinghausen
  Tel. 023 61/242 04
  shop.haushobbold.de

Das Wahrzeichen Recklinghausens ist sein imposantes Rathaus mit Ratskeller.

- Heilige-Geist-Str. 12
  45657 Recklinghausen
  Tel. 023 61/145 46
  www.carmelo-recklinghausen.de
  Instagram: @conovoncarmelo
  www.facebook.com/
  ristorantecarmelo

s.presso

Eine gelungene Mischung aus Café, Bar und Restaurant mit italienischen Köstlichkeiten. Entspannte Atmosphäre.

- Augustinessenstr. 2
  45657 Recklinghausen
  Tel. 023 61/106 28 67
  www.s.presso-caffe.de
  E-Mail: service@s.presso-caffe.de
  Instagram:
  @s.presso_recklinghausen
  www.facebook.com/isabella.spresso

MUSEEN UND MUSENTEMPEL

Von deutscher Gegenwartskunst über polnische Malerei und orthodoxe Ikonen bis zur Geschichte der Elektrizität

Atelierhaus Recklinghausen

Im 1895 errichteten Gebäude der ehemaligen König-Ludwig-Schule finden regelmäßig Ausstellungen und kulturelle Veranstaltungen statt. Das schöne Gebäude war früher eine Volksschule für Kinder von Bergarbeitern der Zechenanlage, heute macht es als Kulturstätte von sich reden.

- Königstr. 49 a
  45663 Recklinghausen
  Tel. 0177/840 85 34
  www.atelierhaus-recklinghausen.de
  E-Mail: info@atelierhaus-reckling hausen.de

Ikonen-Museum Recklinghausen

Das weltweit bedeutendste Museum ostkirchlicher Kunst außerhalb orthodoxer Länder zeigt mehr als 3500 Ikonen vom 13. bis zum Anfang des 20. Jh.

- Kirchplatz 2A
  45657 Recklinghausen
  Tel. 023 61/50 19 41
  www.ikonen-museum.com
  E-Mail: ikonen@kunst-re.de
  Instagram: @ikonenmuseum.re

Kunsthalle Recklinghausen

Das Ausstellungsprogramm der Kunsthalle widmet sich heute der Kunst nach 1945 und legt besonderes Augenmerk auf zeitgenössische Künstler, darunter naive Kunst sowie die Künstlergruppe »junger Westen«. Insgesamt 3500 Werke gibt es zu bestaunen.

- Große-Perdekamp-Str. 25–27
  45657 Recklinghausen
  Tel. 023 61/50 19 35
  www.kunsthalle-recklinghausen.de
  E-Mail: info@kunst-re.de
  Instagram:
  @kunsthalle_recklinghausen
  www.facebook.com/
  KunsthalleRecklinghausen

Museum Jerke

Ein privat geführtes Museum im Herzen der Altstadt, in dem ausschließlich moderne polnische Kunst gezeigt wird: Avantgarde der 1920er-Jahre sowie Werke der Moderne ab 1960.

- Johannes-Janssen-Str. 7
  45657 Recklinghausen
  Tel. 023 61/909 68 08
  www.museumjerke.com
  E-Mail: museumjerke@t-online.de
  Instagram: @museum.jerke

Zeitreise Strom: Das Deutsche Elektrizitätsmuseum

Im größten Elektrizitätsmuseum Deutschlands wird in zwölf Kapiteln die Geschichte der Elektrifizierung erzählt. Spannend und informativ für Jung und Alt.

- Uferstr. 2–4
  45663 Recklinghausen
  Tel. 023 61/984 22 16
  www.zeitreisestrom.de
  E-Mail: info@zeitreisestrom.de

PRAKTISCHES UND SCHÖNES

Tipps für Radfahrer, aber auch für modebewusste Zeitgenossen

Zweirad Köppl

Hier noch eine Empfehlung für alle Fahrradfahrer. Ich kaufe mein gesamtes Equipment für den Drahtesel hier. Die Gründe sind so simpel wie mannigfaltig: Eine äußerst freundliche und kompetente Beratung, und im Hinterhof gibt es zudem noch eine Werkstatt, die mir schon das eine oder andere Mal die geplante Tour gerettet hat.

- Herner Str. 23
  45657 Recklinghausen
  Tel. 023 61/246 74
  www.zweirad-koeppl.de
  E-Mail: zweirad-koeppl@arcor.de
  www.facebook.com/ZweiradKoeppl

Prange Style

Ein auf Herrenausstattung spezialisiertes Modegeschäft, das aber auch ein großes Sortiment für Frauen im Angebot hat. »Von Prange bekleidet, von allen beneidet«, sagt man in Recklinghausen nicht ohne Grund. Mit seinen Maß- und Markenanzügen hat Inhaber Achim Prange mir bei manch wichtigem Termin schon sehr geholfen.

- Große Geldstr. 4
  45657 Recklinghausen
  Tel. 023 61/48 69 48
  www.prange-style.de
  E-Mail: kontakt@prange-style.de
  www.facebook.com/prangestyle

Mit über 3500 Ikonen ist das Museum am Kirchplatz ausgesprochen gut bestückt.

»Ich wollt', ich wär' ein Huhn ...«. Nö, eher nicht, aber wenn, dann am liebsten auf Theos Farm in Oer-Erkenschwick.

2

Ausflug zu Theos Farm in Oer-Erkenschwick

Ein Wahlkampfslogan als Mantra, Lizenz für Langschläfer-Hühner und Windräder auf der Weide

Von Windrädern und Bio-Nordmanntannen

Wer Ruhrgebiet sagt, muss auch Bergbau sagen. Oder Fußball. Oder Currywurst. Aber Landwirtschaft? In diesem Kapitel möchte ich Ihnen zeigen, dass die Region noch eine ganz andere, unerwartete Seite zu bieten hat.

Eins vorweg, damit wir uns richtig verstehen: Beim »e« in »Oer« handelt es sich um ein niederdeutsches Dehnungs-E. Oer wird also »Ohr« und nicht »Ör« gesprochen. Wer das im Hinterkopf behält, hat bei den Bewohnern von Oer-Erkenschwick schon mal einen Stein im Brett.

Und wenn wir schon bei Wissenswertem sind: Oer-Erkenschwick, das übrigens erst im Jahr 1953 das Stadtrecht erhielt und somit eine der jüngsten Städte des Ruhrgebiets ist, umweht tatsächlich ein Hauch von Hollywood. Ganz ehrlich! Denn niemand Geringerer als mein Schauspielkollege und Oscar-Preisträger Leonardo DiCaprio wurde regelmäßig im Zechenstädtchen gesichtet. Warum? Na, um seine Oma zu besuchen, die nach ihrer Auswanderung in die USA in der Mitte des vergangenen Jahrhunderts wieder in ihre eigentliche Heimat zurückgekehrt war. In der Kampstraße hatte man genug zu tun, die vielen Liebesschwüre der weiblichen Fans an den Wänden zu übertünchen.

HÄTTEN SIE'S GEWUSST?

Sönke Wortmann hat mit »Das Wunder von Bern« und »Deutschland. Ein Sommermärchen« bedeutende Filme über den Fußball gemacht. Lange davor kickte der Regisseur selbst, auch bei der SpVgg Erkenschwick. Genau der verhalf er mit dem ersten Tor beim 3:0-Sieg gegen den Bünder SV zum Aufstieg in die 2. Bundesliga!

Der Öko-Pionier

Aber wir sind heute wegen jemand ganz anderem in Oer-Erkenschwick: meinem guten Freund Theo Schürmann. Theo ist einer der ersten Bio-Bauern im Pott gewesen. Ein Pionier der Öko-Bewegung, der schon Ende der 1980er-Jahre seinen kompletten Hof auf alternative Landwirtschaft umgestellt hat.

Seine Farm erreichen wir, indem wir die Stadt nach Norden über den Börster Weg verlassen. Vorbei am Nordfriedhof und dem Kleingärtnerverein Recklinghausen I geht es in die Bauernschaft Börste, wo wir rechts auf die Lindenstraße abbiegen. Irgendwie verständlich, dass die Natur für Theo schon immer Vorrang hatte, denke ich, während ich die endlos langen und schnurgeraden Wege in Richtung seines Hofs entlangradle. Links und rechts bestellte Felder und weites Land, so weit das Auge reicht.

Für einen Moment könnte man meinen, man hätte sich vielleicht aus Versehen ins platte Münsterland verirrt.

Aber das liegt noch ein paar Kilometer nordöstlich. Außerdem sind wir jetzt tatsächlich am Ziel angekommen.

Hinter dem grünen Gatter erstreckt sich ein großer Hof, der von dunkelroten Klinkerbauten umringt ist. Vor den Ställen liegt Heu, ein paar Hühner staksen zwischen den großen Maschinen und dem quietschbunt bemalten Bulli herum. Hinter dem Hof breiten sich Felder und Wiesen mit Obstbäumen aus. Alles sieht genauso aus, wie man sich einen Bio-Bauernhof vorstellt.

Nur Theo, der sieht nicht unbedingt aus, wie man sich einen Bauern vorstellt. Gummistiefel und Latzhose sucht man an ihm vergebens, stattdessen schlendert er in T-Shirt und Jeans über seinen Hof. Aber irgendwie passt es auch zu ihm. Denn der Oer-Erkenschwicker hat die Dinge schon immer anders gemacht.

Ein Hof der Generationen

Wie kommt man eigentlich auf die Idee, sich mitten im Ruhrgebiet der biologischen Landwirtschaft zu widmen? Wenn man Theo danach fragt, dann grinst er.

Auf meinem Weg zu Theo in die Bauernschaft Börste,
vorbei an Wiesen, Weiden und Feldern …

Öko-Landwirt Theo und ich vor seinem Hof in Oer-Erkenschwick

»Da muss ich ein bisschen ausholen«, sagt er dann – bei seinem sympathischen Plauderton im breitesten Ruhrdeutsch macht das aber überhaupt nichts. Im Gegenteil. Man hört ihm gerne zu.

Los geht alles schon im 19. Jh. Theos Vorfahren ziehen 1860 in den Norden des Ruhrgebiets, lassen sich nieder und verdienen ihren Lebensunterhalt fortan mit Ackerbau und Viehzucht. Der Hof wird größer und größer und von Generation zu Generation weitergegeben.

»Als ich 1958 als erster Junge nach meinen drei Schwestern geboren wurde, stand eigentlich sofort fest, dass ich als Erstgeborener den Hof übernehmen muss«, erzählt Theo.

Algebra statt Ackerbau

Das Problem: So behütet er auch auf dem beschaulichen Hof aufwächst, wird ihm die Landwirtschaft nicht unbedingt in die Wiege gelegt. Er hat nämlich eine ganz andere Leidenschaft – und die hat so gar nichts mit landwirtschaftlichen Aufgabenfeldern zu tun.

Theo brennt nämlich für Zahlen, um genauer zu sein, für Mathematik. Genau deshalb studiert er bis zum Vordiplom erstmal an der TU Dortmund das Fach Statistik. Nach den Vorlesungen geht es am Nachmittag wieder zurück nach Oer-Erkenschwick, wo er gemeinsam mit seinem Vater den Hof bewirtschaftet. Als sein Vater erkrankt, muss Theo sich schließlich entscheiden – und macht aus dem Hobby nach seinem Uniabschluss 1982 schließlich einen Beruf.

»Wir haben die Erde von unseren Kindern nur geborgt«

In den 1980ern sind die Friedens- und auch die Ökologiebewegung aktiver denn je. Die Grünen werben zur Bundestagswahl 1983 mit dem Spruch »Wir haben die Erde von unseren Kindern nur geborgt«. Das Wahlkampfmotto beeindruckt Theo nachhaltig, es prägt ihn und wird umgehend zu seinem Mantra. Er beginnt, sich mit dem Thema Ökologie in der Landwirtschaft zu beschäftigen und stellt fest, dass auch der familieneigene Hof zur Umweltverschmutzung beiträgt.

»Im Trinkwasser wurde zu der Zeit Ataxin nachgewiesen, ein Pflanzenschutzmittel, das Mais vor Schädlingen schützen sollte. Auch auf unserem Hof.«

Theo beschließt, es ab jetzt anders zu machen und beginnt, als er den Hof von seinem Vater übernimmt, nach und nach den gesamten Betrieb auf Ökolandbau umzustellen.

Heute sind Bio-Bauern und nachhaltige Landwirtschaft weit verbreitet, aber in den 1980er-Jahren ist Theo mit seinem Ansatz noch ein absoluter Exot.

Alles öko

Gingen die Güter des Hofs bis dahin noch an größere Firmen, stellt Theo wieder auf Direktvermarktung um. Er kauft Hühner und bietet die Eier direkt auf dem Hof zum Verkauf an. Heute kommen meist gleich ganze Familien auf dem Hof vorbei – nicht nur für den Einkauf, sondern auch, um das Landleben kennenzulernen.

1992 noch ein ungewohnter Anblick: das Windrad auf Theos Weide

Wer mag, kann sich bei den herumlaufenden Hühnern – mittlerweile 200 an der Zahl! – mit ein wenig Futter beliebt machen: selbstverständlich nur Biogetreide und biologisch angebautes Gemüse. Denn Theo ist der festen Überzeugung: Es gibt keine andere Möglichkeit für die Landwirtschaft, als komplett auf ökologischen Anbau umzustellen.

Sondergenehmigung für Langschläfer-Hühner

Für die Hühner, die braune Eier legen, hat Theo übrigens eine Sondergenehmigung bekommen. Eigentlich müssen Bio-Hühner nämlich jeden Morgen um 10 Uhr aus ihrem Stall gelassen werden. Nicht so auf Theos Farm:

Hier darf das Federvieh morgens nämlich eine ganze Stunde länger schlafen.

Und das aus einem ganz einfachen Grund: Wenn die Hühner schon früher vor die Tür dürfen, legen sie die Eier manchmal in den hinterletzten Ecken des Hofes, aber wenn Bauer Theo um 11 Uhr in den Stall schaut, sind die meisten Eier bereits dort gelegt worden.

Neben den Hühnern hält Bauer Theo auf 32 ha auch Rindviecher in Freilandhaltung und Mastschweine in geräumigen Ställen auf dem Hof. Geschlachtet wird allerdings auswärts. Theo begleitet die Tiere selbst zur nahe gelegenen Fleischerei.

Die hochwertigen Produkte wie Biowurst und -steaks bietet Bauer Theo natürlich im eigenen Hofladen an, wo noch jede Menge weitere

Köstlichkeiten, nicht nur aus eigener Produktion, von Käse über Brot bis hin zu Obst und Gemüse zu haben sind. Und im Winter gibt es sogar Bio-Nordmanntannen, deren Erlös obendrein noch für einen guten Zweck gespendet wird.

Windkraft in Westfalen

Selbstverständlich bio – so, wie alles auf dem Hof von Theo. Auch der Strom! Nachdem Theo den Hof Ende der 1980er-Jahre schließlich auf ökologische Wirtschaftsweise umgestellt hatte, schrieb ihm eine gute Freundin einen Brief, der mit einer Frage endet, die Theo stutzig macht.

»Hast du eigentlich noch Träume?«

Theo beginnt zu überlegen. So biologisch und bewusst sein Bauernhof auch betrieben wird, fehlt doch noch ein entscheidendes Element: die Energie.

Ein paar Jahre zuvor, im März 1979, war es im Kernkraftwerk Three Mile Island bei Harrisburg im US-Bundesstaat Pennsylvania zu einem

Heute ist Windkraft in NRW ein ertragreiches Geschäft.

Unfall im Reaktorblock gekommen, und infolgedessen besucht Theo eine Anti-Atomkraft-Demo in Hannover. Für Theo sind die Atomkraftwerke, aber auch die Endlager für den anfallenden Müll, der noch Jahrtausende strahlen wird, ein absolutes Unding – und vor allem auch ein Widerspruch zu seinem nachhaltig geprägten Handeln auf dem Hof. Aber der Strom für den Hof kommt zu großen Teilen doch immer noch von den AKWs in der Umgebung.

»Als Bauer möchte ich so wirtschaften, dass die nachfolgenden Generationen keinen Schaden nehmen«, sagt er.

Eine Lösung muss her, die zündende Idee dafür kommt Theo im Dänemarkurlaub.

»Unser Nachbarland war zu der Zeit Vorreiter in Sachen Windräder, und für mich war klar, dass ich genauso eines auch im Ruhrgebiet aufstellen muss.«

Kostenpunkt: 340 000 Mark. Alleine kann Theo sich das Vorhaben nicht leisten. Zwar wird das Windrad zu 50 % von der damaligen Bundesregierung gefördert, aber Theo braucht trotzdem noch jede Menge Menschen, die das Ganze mitfinanzieren sollen.

NICHT VERPASSEN

Der Stimberg

Wer Theos Hof wieder verlässt, wird feststellen, dass Oer-Erkenschwick wirklich außerordentlich grün ist. Auch wegen des an die Stadt grenzenden Waldgebiets, das Teil des Naturparks Hohe Mark-Westmünsterland ist und zu ausgiebigen Spaziergängen und Wanderungen einlädt, beispielsweise auf den Stimberg. Mit 157 m ist er die höchste Erhebung der Haard und eine der größten zusammenhängenden Waldflächen innerhalb der Hohen Mark.

- Am Stimbergpark
  45739 Oer-Erkenschwick
  www.natuerlich-stimberg.de
  E-Mail: regiofreizeit@kreis-re.de

Mit vereinten Kräften

Die Investition ist aber durchaus mit einem Risiko verbunden, denn wie lukrativ das Geschäft mit der Windenergie sein könnte, ist zu dem Zeitpunkt im noch windradlosen Deutschland nicht vorauszusagen. Schließlich findet Theo wirklich 170 Menschen – Familienmitglieder, Freunde, Freunde von Freunden und Studienkollegen – die jeweils 1000 Mark beisteuern und somit Teil seiner Betreibergemeinschaft werden.

Allen Skeptikern zum Trotz wird das Windrad an Ostern 1992 auf der Weide hinter dem Hof aufgestellt, im Herbst des selben Jahres soll die Einweihungsfeier folgen. Als sich das Fest nähert, kommt Theo wieder sein Mantra in den Sinn: »Wir haben die Erde von unseren Kindern nur geborgt.«

Theo sät Kleegras auf dem Feld aus, befüllt seine Sämaschine im Anschluss mit Sonnenblumensamen und fährt mit dem Trecker dann so gut es geht den Spruch auf das Feld. Als die Sonnenblumen wenig später in kräftigem Gelb erstrahlen, fliegt ein Bekannter von Theo schließlich über die Feldinschrift und knipst ein Luftbild von dem Kunstwerk, und das hängt bis heute auf Theos Farm.

Was?

Ein Besuch auf einem Bio-Bauernhof mit Einkauf im Hofladen und genüsslicher Einkehr bei Naturkost

Wo und Wann?

Theos Farm

Im Hofladen von Theo gibt es Rinder-, Schweine- und Hühnerfleisch, Wurst, außerdem Brot und Backwaren, Molkereiprodukte, Honig, Eier und Kartoffelsorten von Lilli bis Laura sowie saisonales Obst und Gemüse zu kaufen.

- Börster Grenzweg 56
  45739 Oer-Erkenschwick
  Tel. 023 68/698 79 03
  www.theos-farm.de
  Öffnungszeiten:
  Mo, Mi, Do, Fr 9–18, Sa 9–14 Uhr

Bio-Eier von ausgeschlafenen Hühnern!

TIPPS

WANDERN MIT ALPAKAS

Eine Wanderung mit einem sanftmütigen Alpaka an der Leine ist ein unvergessliches Erlebnis und lässt einen für kurze Zeit dem Alltagsstress entschweben.

Hof Fischer

Man sollte nicht nur dem Hofladen mit Honig und anderen Leckereien einen Besuch abstatten, sondern auch Conti, Zampano, William, Xaver, Ferdi, Diego, Ivo, Emil und Stan seine Aufwartung machen. Übrigens: Die charmanten, flauschigen Alpakas können für eine Wanderung durch die Haard gebucht werden.

- Sinsener Str. 43
  45739 Oer-Erkenschwick
  Tel. 0175/722 65 97
  www.hof-fischer.com
  E-Mail: info@hof-fischer.com
  Alpakatouren Sa, So ab 11 Uhr (ca. 2 Std.). Preis pro Person und Tier: 43 €

LEIBLICHE GENÜSSE AM WEGESRAND

In Oer-Erkenschwick oder unterwegs zu Theos Farm laden zahlreiche Biergärten, Cafés, Ausflugslokale oder Spezialitätenrestaurants zur genüsslichen Einkehr ein.

Mutter Wehner

Beliebtes Ausflugslokal im Grünen mit schönem Biergarten. Die beiden Brüder Marcin und Christof Kopij bieten qualitativ hochwertige und bodenständige Speisen für die ganze Familie. Reichhaltiges Frühstücksbüffett am Wochenende.

- Haardstr. 196
  45739 Oer-Erkenschwick
  Tel. 023 68/962 65 10
  www.mutter-wehner.de
  E-Mail: info@mutter-wehner.de
  www.facebook.com/mutter.wehner

Tapado

Tapas-Restaurant, das den Besucher auf eine kulinarische Reise durch Spanien entführt. Vor allem die fruchtige Sangria lässt das Herz höherschlagen.

- Pastor-Schmitz-Weg 1
  45739 Oer-Erkenschwick
  Tel. 023 68/898 74 05
  www.tapado.de
  www.facebook.com/tapado.de
  Instagram: @tapado_restaurante

EIN WENIG ZEITGESCHICHTE …

Wer im Ruhrgebiet unterwegs ist, sollte sich unbedingt die Zeit nehmen und dem Thema Bergbau, das auf eine jahrhundertealte Tradition zurückblicken kann, seine Aufmerksamkeit schenken.

Tiefe Einblicke in die Welt der Grubenarbeiter gibt das Bergbau- und Geschichtsmuseum.

Bergbau- und Geschichtsmuseum Oer-Erkenschwick
Im Jahr 2002 wurde der Bergbau- und Geschichtsverein mit dem Ziel gegründet, die Bergbauhistorie der Stadt Oer-Erkenschwick für kommende Generationen zu erhalten. Das Museum befindet sich in den Gebäuden des ehemaligen Ziegelei-Ringofens auf dem Gelände der stillgelegten Zechenanlage Ewald Fortsetzung. Alle Ausstellungsstücke sind Originale. Gelegenheit zu einer Grubenfahrt gibt es natürlich auch. Als offizielle Außenstelle des Standesamtes kann man sogar im Lehrstollen, zwischen Bandantrieb und Einschienenhängebahn, den Bund der Ehe schließen.

- Am Ziegeleitor
  45739 Oer-Erkenschwick
  www.museum-oe.de
  www.facebook.com/BergbauGeschichtsmuseumOerErkenschwick

Der riesige Obelisk auf dem Plateau der Halde Hoheward in Herten dient einer Sonnenuhr als Zeiger.

3

Unterwegs zur Halde Hoheward in Herten

Schlägel & Eisen, unterm Kauenhimmel, ein Furcht einflößender Drachenkopf und Erinnerungen an Stonehenge

Von alten Bauernschaften und neuen Impulsen

Vorbei die Zeit rauchender Schlote und grauer Industrieanlagen. Das Ruhrgebiet wird immer grüner und weiß ganz unterschiedlich mit der ehemaligen Bergbauindustrie umzugehen. Nirgendwo wird das deutlicher als in Herten.

Von Oer-Erkenschwick geht es weiter in Richtung Westen. Wir verlassen Theos Farm auf demselben Weg, den wir gekommen sind, lassen Recklinghausen buchstäblich links liegen und radeln auf der Zeppelinstraße parallel zur L511 in Richtung Herten. Dort treffen wir schließlich auf den Bahntrassen-Radweg Allee des Wandels, der uns in Recklinghausens Stadtteil Althochlar und in die beschauliche Bauernschaft Hochlar bringt. Zwar sind Autobahn und Umgehungsstraße nicht weit weg, aber von der Industrie ist die Landschaft hier glücklicherweise verschont geblieben. Ein richtiges Dorf in der Großstadt.

Blick aus der Vogelperspektive auf die Himmelsbögen des Horizontobservatoriums

Auch wenn die Bauernschaft über die Jahre nicht in Gänze erhalten werden konnte, stehen links und rechts der schmalen Pflastersteinwege immer noch einige wunderschöne Fachwerkhäuser in typischer Skelettbauweise mit den davor gelegenen Höfen. Dazwischen immer wieder kleine Teiche und Bäche und hinter der Hofschaft schließlich weite Felder und Wiesen, durch die man stundenlang streifen kann – zu den Kleingartenanlagen, in Richtung Norden nach Marl oder zum nahe gelegenen Flugplatz Loemühle.

Einmal im Jahr findet Mitte Oktober der beliebte Ernte- und Bauernmarkt der Hochlarer Hofschaft statt. Dann tummeln sich Tausende Besucher auf den Fachwerkhöfen. Aus gutem Grund: Angeboten wird nämlich eine Fülle von Erzeugnissen – von regionalem Honig über andere Naturprodukte bis hin zu heimischem Kunsthandwerk – und natürlich jede Menge kulinarische Köstlichkeiten.

HÄTTEN SIE'S GEWUSST?

Rudi Assauer kam aus Herten

So eng, wie Rudi Assauer mit dem FC Schalke 04 verknüpft war, würde man gar nicht denken, dass er nicht aus Gelsenkirchen stammte. Aber: Geboren wurde der ehemalige Manager der Königsblauen in Herten – und als leidenschaftlicher Fan des Vereins muss ich an dieser Stelle kurz auf ihn verweisen. Keiner verkörperte das Ruhrgebiet so wie der leidenschaftliche Zigarrenraucher. Ursprünglich gelernter Stahlbauschlosser, war Mr. Schalke 04 insgesamt ganze 18 Jahre Manager in Gelsenkirchen: von 1981 bis 1986 und dann noch einmal von 1993 bis 2006. In der zweiten Amtszeit verpflichtete er u. a. Huub Stevens als Trainer: der Grundstein für eine Reihe erfolgreicher Spielzeiten, in denen Schalke nicht nur den UEFA-Pokal holte, sondern auch zweimal DFB-Pokalsieger wurde.

117 Jahre Bergbaugeschichte

Aber so schön das pittoreske Plätzchen im Norden der Stadt auch ist: weiter geht's. Also wieder zurück auf die Allee des Wandels und weiter in Richtung Westen. Denn dort wartet gleich das nächste Highlight auf uns: Eine gute Viertelstunde von der idyllischen Bauernschaft entfernt findet sich die Zeche Schlägel & Eisen. Schon von Weitem sieht man die imposante Schachtanlage 3/4/7 im Hertener Stadtteil Langenbochum,

Im Gespräch mit Andreas Weidner in der ehemaligen Zeche Schlägel & Eisen

die die Gebäude im Umkreis deutlich überragt. 1873 gegründet, prägt die Zeche bis heute das Stadtbild. Auch wenn von den ehemals sieben Schachtanlagen und angrenzenden Gebäuden vieles eingeebnet wurde, hat die Zeche noch viel von ihrem einstigen Flair behalten und gehört mit ihrem 64 m hohen Fördergerüst wohl zu den imposantesten Industriedenkmälern im Ruhrgebiet.

117 Jahre lang wurde hier Kohle gefördert und in großen Teilen auch direkt vor Ort verarbeitet. Mit einer Gesamtförderung von 36 000 t pro Tag durch die beiden Zechen galt Herten sogar lange als größte Bergbaustadt Europas!

Ein Name mit Symbolcharakter

Die Zeche Schlägel & Eisen trägt bis heute auch den wohl prägnantesten Namen einer Zeche überhaupt. Denn der Schlägel und das Eisen – im historischen Bergbau die wichtigsten Werkzeuge des Bergmanns – sind bis heute ein international gebräuchliches Symbol für den Bergbau.

Im Jahr 2000 wurde die Zeche schließlich stillgelegt, aber ihre Geschichte geht dennoch weiter, wenn auch auf eine andere Art und Weise. Dafür sorgt auch Andreas Weidner. Der mittelständische Unternehmer entdeckte 2015 die mittlerweile schon einige Jahre stillliegenden Schachtanlagen 3/4/7 und war von Beginn an fasziniert.

Das kulturelle Erbe wird weitergeführt

Zwar war Andreas selbst nicht »auf'm Pütt«, wie man im Ruhrgebiet sagt. Aber er stammt aus einer Bergbaufamilie und hat die Geschichten von unter Tage von klein auf mitbekommen. Die Chance, ab jetzt das kulturelle Erbe der Zeche und der gesamten Region Ruhrgebiet mitzugestalten, lässt ihn von jetzt an nicht mehr los.

Seine Familie, seine Freunde und vor allem sein Unternehmensberater sehen das ein bisschen anders. Zu groß, zu alt und zu teuer sei das Unterfangen. Aber Andreas kann nicht anders.

»Die Räume hatten eine richtige Anziehungskraft auf mich. Das war eine ganz besondere Atmosphäre«, sagt Andreas Weidner und beschließt, der leer stehenden Zeche neues Leben einzuhauchen.

Unter dem Kauenhimmel

Es werden Räume entrümpelt, Türen repariert und auch die Elektrik neu verlegt. Eine Bühne wird gespendet, eine Theke aus einer Kölner Kneipe ins Ruhrgebiet verfrachtet und dort repariert und restauriert – und 2016 öffnet schließlich die Eventlocation Schwarzkaue ihre Pforten.

Den Namen trägt die Unternehmung von Andreas Weidner nicht ohne Grund. Ursprünglich die Bezeichnung für einen Überbau über einen Bergwerksschacht, der diesen vor Regen und Wind schützen sollte, wurde aus der Kaue später

Die Schwarzkaue für die Arbeitskleidung

der Umkleide- und Waschraum der Bergleute. Weil die Männer bereits in ihrer Arbeitskleidung zur Arbeit erschienen und sich nach Schichtende in genau der auch wieder auf den Nachhauseweg machten, musste eine Möglichkeit her, die stark verschmutzte Arbeitskleidung im Betrieb abzulegen.

Damit dabei die private Kleidung nicht auch verschmutzt wurde, richtete man kurzerhand zwei verschiedenen Kauen für die Kumpel ein: zum einen die Weißkaue, in der man sich seiner gewöhnlichen Klamotten entledigte, und eben die Schwarzkaue für die Arbeitskleidung – zwischen den beiden Räumlichkeiten wurden dann praktischerweise Duschen installiert. Um Platz zu sparen, erfolgte die Aufbewahrung sowohl der Arbeitskleidung als auch der privaten Kleidung in Metallkörben, die mit Ketten unter die Kauendecke hochgezogen werden konnten. Dadurch entstanden die für Waschkauen typischen Kauenhimmel.

1500 Körbe über der Kaue

Und auf genau den blicken Andreas Weidner und ich jetzt gerade, während wir durch die Schwarzkaue schlendern. Eine der wenigen, die überhaupt noch erhalten ist. 1500 Körbe hängen hier an der Decke, zum Teil sogar mit echten Klamotten. Beeindruckend!

Wo früher die Bergarbeiter ihre dreckigen Klamotten in die Körbe luden und sich nach der Schicht ein paar Schnäpse und Biere gönnten, finden heute Theatervorstellungen, Konzerte und Lesungen statt. Oder auch mal ein Bergmannsfrühschoppen, bei dem die ehemaligen Bergleute bei Kaffee, Brötchen, Bier und dem einen oder anderen Schnaps die goldenen Zeiten der Kaue Revue passieren lassen – ein ganz besonderer Moment.

Aber auch sonst lebt die Location für Kunst- und Kulturveranstaltungen vom Charme und der Ausstrahlung der Jahrzehnte, in denen hier hart gearbeitet wurde. Der Ort repräsentiert mit seiner geschichtsträchtigen Vergangenheit und der andersartigen Ausrichtung das neue Ruhrgebiet nach dem endgültigen Kohleausstieg im Jahr 2018. Eine Sache sei aber geblieben: »Die Kohleindustrie war der Arbeitgeber und Versorger für die Menschen hier vor Ort und auch in vielen kulturellen Dingen bestimmend«, erklärt Andreas Weidner. Der Bergbau habe die Menschen zusammengeführt. »Ich glaube, wir haben gelernt, trotz aller

Der Förderturm über Schacht 4 ragt 64 Meter hoch in den Himmel.

Unterschiede miteinander zu leben. Wo gibt's denn noch so ein schönes Beispiel dafür, dass das Zusammenleben so gut funktioniert wie im Ruhrgebiet?«

Recht hat er!

ZUM NACHKOCHEN: die Hauerpfanne

Radeln macht hungrig, und als Grundlage für ein leckeres Bier oder einen Schnaps braucht man schließlich auch ein bisschen was im Magen. Zum Glück gibt's im Ruhrgebiet jede Menge deftige Hausmannskost aus günstigen Zutaten. So, wie diese alte Bergmannsmahlzeit, die Hauerpfanne.

Zutaten für 2 Portionen

350 g vorwiegend festkochende Kartoffeln
100 g grüne Bohnen
100 g Lauch (nur die weißen Teile)
1 Möhre
1 Zwiebel
2 Frühlingszwiebeln
Salz
100 g Erbsen (frisch oder tiefgekühlt)
2 EL Sonnenblumenöl
200 g Schweinemett
gemahlener Pfeffer
gemahlener Kümmel
frisch geriebene Muskatnuss
4 Eier

Zubereitung

1. Kartoffeln schälen und in grobe Würfel schneiden. Die grünen Bohnen putzen und in mundgerechte Stücke schneiden. Den Lauch längs halbieren, waschen und in dünne Halbringe schneiden. Möhre putzen, schälen, längs halbieren und in dünne Scheibchen schneiden. Zwiebel

schälen und fein hacken. Frühlingszwiebeln putzen und in feine Ringe schneiden; Grün und Weiß getrennt beiseitestellen.
2. In einem Topf Salzwasser aufkochen und Kartoffeln und grüne Bohnen darin 10 Min. vorkochen. Mit einem Schaumlöffel herausnehmen und die Möhre darin 4 Min. vorkochen, dabei die Erbsen in der letzten Minute hinzufügen. Abgießen und beiseitestellen.
3. Einen Esslöffel Sonnenblumenöl in einer Pfanne erhitzen und das Schweinemett darin unter Rühren krümelig braun anbraten. Zwiebel, Lauch und das Weiße der Frühlingszwiebeln hinzufügen und unter Rühren glasig dünsten. Mischung aus der Pfanne nehmen und kurz beiseitestellen.
4. Restliches Öl in die Pfanne gießen und Kartoffeln und Bohnen darin von allen Seiten scharf anbraten, bis sie einige knusprig-braune Stellen bekommen. Mett, Möhren und Erbsen hinzufügen, gut vermischen und alles mit Salz, Pfeffer und jeweils einer guten Prise Kümmel und Muskat würzen.
5. Vier Mulden in die Fleisch-Gemüse-Mischung drücken. Eier einzeln aufschlagen und in die Mulden gießen; mit Salz und Pfeffer bestreuen. Bei niedriger bis mittlerer Hitze stocken lassen. Mit dem Grün der Frühlingszwiebeln bestreuen und am besten gleich mit einem kühlen Bier servieren.

Die Halde Hoheward

Wir verlassen die Zeche Schlägel & Eisen in Richtung Süden und zwar dorthin, wo von 1877 bis 2001 Steinkohle in der Zeche Ewald gefördert wurde. Heute, mehr als 20 Jahre später, bildet das ehemalige Bergwerk im Zusammenschluss mit Schüttungen der Zechen Recklinghausen II und General Blumenthal/Haard ein Drittel der Halde Hoheward.

Mit 152 m Höhe ist die Halde eine der größten ihrer Art und als Teil der Route Industriekultur ein bedeutendes Wahrzeichen des Reviers. Ursprünglich eine Bergehalde, also die beim Arbeiten unter Tage anfallenden Aufschüttungen der Erdreste, wurde das weitreichende Gebiet mittlerweile zu einer faszinierenden Freizeit- und Kulturlandschaft umgestaltet – und die hält wirklich für jeden etwas bereit: egal ob Radfahrer, Wanderer oder Spaziergänger.

Auf dem Weg zum Horizontobservatorium muss ich ordentlich in die Pedale treten.

Vorbei am Drachen!

Wir statten der Halde am besten von Osten kommend einen Besuch ab – denn nur so kommen wir in den Genuss des ersten Highlights der Halde: die Drachenbrücke. Dass sie ihren Namen nicht ohne Grund trägt, wird einem gewahr, sobald man auf den Übergang zurollt.

Mit ihrem langen, geschwungenen Hals und dem Furcht einflößenden Drachenkopf gleicht das Konstrukt wirklich einem der echsenartigen Fabelwesen. Entwickelt und designt wurde das 165 m lange und satte 198 t schwere Ungetüm mit Überführungsfunktion von dem Künstler Ralf Wörzberger. 2008 erbaut, verbindet die Brücke seitdem den Stadtteilpark Hochlarmark mit der Halde Hoheward.

Haben wir den eisernen Hüter hinter uns gelassen, offenbart sich die Halde Hoheward in ihrer ganzen Pracht. Jede Menge Aufgänge und Stufen ermöglichen den Aufstieg auf das Plateau aus allen Richtungen. Wer mag, macht erstmal eine Pause auf der rund 6 km langen Balkonpromenade, die die gesamte Halde umgibt. Der Zugang zum Plateau erfolgt über die Stiege vom Salentinplatz – mit etwas mehr als 500 Stufen.

Panoramablick und ein Hauch von Stonehenge

Aber die Anstrengung lohnt sich! Oben angekommen, entlohnt einen der wunderschöne Panoramablick über beinahe den gesamten Pott. Vom Plateau aus kann man nämlich über das gesamte Ruhrgebiet blicken – bis zum Dortmunder Fernsehturm oder dem Gasometer in Oberhausen. Bei gutem Wetter lässt sich sogar der über 50 km entfernte Rheinturm in Düsseldorf erkennen!

Auch auf dem Plateau der Halde finden sich noch einige spannende Sehenswürdigkeiten. Darunter das Horizontobservatorium, auch »Amphitheater für Sternengucker« genannt, – eine der Attraktionen des Landschaftsparks Hoheward und ein markantes Wahrzeichen des nördlichen Ruhrgebiets. 2008 in Zusammenarbeit mit der Volkssternwarte Recklinghausen und dem Initiativkreis Horizontastronomie errichtet, stellt es eine zeitgemäße und ausgesprochen faszinierende Version alter Steinkreise und Bauwerke dar wie die berühmte aus der Jungsteinzeit stammende Anlage Stonehenge im Süden Englands.

Das Observatorium misst im Durchmesser ca. 95 m und bildet mit zwei präzise ausgerichteten Metallbögen, die sich über der Fläche erheben, eine etwa 45 m hohe Halbkugel. Diese Bögen ermöglichen dem Besucher, den Lauf der Sonne, des Mondes und der Sterne zu beobachten.

Einziger Wermutstropfen: Das Horizontobservatorium ist seit 2009 aus Sicherheitsgründen leider nicht mehr begehbar.

Neue Horizonte

Deshalb und für den Fall, dass das Wetter einmal nicht mitspielen sollte, empfehle ich die Erlebnisausstellung »Neue Horizonte« in der Lohn- und Lichthalle der historischen Zeche Ewald. Diese spannende Dauerausstellung begibt sich auf die Spuren der Zeit, und das auf interaktive Art und Weise und mit einer Fülle an Exponaten zum Anfassen, Ausprobieren und Entdecken.

Die stillgelegte Zeche Ewald in Herten

Aber auch die Halde Hoheward bietet noch ein weiteres Highlight. Zum Beispiel die Sonnenuhr mit Obelisk. Die rund 3000 m^2 große Horizontalsonnenuhr liegt auf dem südlichen Plateau. Als Zeiger dient ein 8,50 m hoher Obelisk aus Edelstahl, der seinen Schatten auf die kreisrunde Fläche mit einem Durchmesser von 62 m wirft. Bei geeigneter Witterung kann man so die Uhrzeit und das Datum ablesen. Faszinierend!

NICHT VERPASSEN

Emscherbruch und Ewaldsee

Im Emscherbruch gibt es nahe der Halde noch eine schöne Alternative für die Tage, an denen der Landschaftspark überlaufen sein sollte. Gut 2 km in Richtung Westen liegt der Ewaldsee. Früher diente er der gleichnamigen Zeche als Kühlwasser-Vorrat, heute kann man ganz wunderbar um ihn herumspazieren. Der kürzere Rundweg führt am Ufer entlang, die längere Variante führt durch den angrenzenden Wald im Osten. Der idyllische See ist überdies ein Refugium für seltene Vogelarten wie Haubentaucher, Reiherenten, Eisvogel, Pirol oder Teichrohrsänger und wird daher auch von Ornithologen besonders geschätzt.

Auch optisch ein Hingucker: das Horizontobservatorium bei Sonnenuntergang

Was?

Eine industriehistorische Führung in der einstigen Zeche Schlägel & Eisen

Wo, wann?

Zeche Schlägel & Eisen

Einstündige Führungen jeden 1. und 3. So im Monat, 14 Uhr. An festes Schuhwerk und warme Kleidung denken!

Treffpunkt: Fördergerüst Schacht 3 (Rotes Gerüst)

- Glückauf-Ring 26
  45699 Herten
  Anmeldung:
  Tel. 02 31/93 11 22-33
  www.industriedenkmal-stiftung.de
  E-Mail: infopunkt@industrie denkmal-stiftung.de

Was?

Ein Besuch auf der Halde Hoheward, dem gleichnamigen Landschaftspark und der historischen Zeche Ewald

Wo, wann?

Halde Hoheward

Die Halde Hoheward in Herten ist mit 152 m Höhe eine der größten ihrer Art und als Teil der Route Industriekultur ein bedeutendes Wahrzeichen des Reviers.

- Werner-Heisenberg-Str. 14
  45699 Herten
  Tel. 023 66/18 11 60
  www.landschaftspark-hoheward.de
  E-Mail: hoheward@rvr.ruhr
  Instagram:
  @besucherzentrum.hoheward

TIPPS

DIREKT VOM BAUERN & CO.

Spargel im Frühjahr, Kirschen im Frühsommer, Äpfel im Spätsommer ... Obst und Gemüse – saisonal, regional und frisch vom Baum oder aus dem Beet – ein gesunder Hochgenuss!

Bauer Feldhaus

Hübscher kleiner Hofladen und Farmshop mit selbst angebautem saisonalen Obst und Gemüse und frischen Milchprodukten.

- Ebbelicher Weg 56
  45701 Herten
  Tel. 023 66/356 24 oder
  0172/323 22 04
  bauer-feldhaus-in-herten.business.site

Bauer Südfeld

Toller Bauernhof mit Restaurant, Hofcafé und rustikalem Biergarten mit Blick auf die umliegenden Felder. Auf Kinder wartet ein Abenteuerspielplatz zum Austoben. Die Erwachsenen können bei Kaffee und Kuchen oder einem kühlen Bier die Seele baumeln lassen.

- Backumer Str. 416
  45701 Herten
  Tel. 023 66/44 19
  www.bauer-suedfeld.de
  E-Mail: info@bauer-suedfeld.de

Heine Hof

Bereits seit über 300 Jahren wird der Hof von Familie Heine bewirtschaftet. Neben dem Hofladen mit Obst und Gemüse aus eigenem Anbau und Hausmacher-Spezialitäten kann man im gemütlichen Hofcafé-Restaurant eine Kaffeepause einlegen oder sich mit original westfälischen Gerichten stärken.

- Kampstr. 16
  45701 Herten
  Tel. 023 66/46 16
  www.heine-hof.de
  E-Mail: christoph.heine.88@googlemail.com

Spargelhof Schulte-Scherlebeck

Im Hofladen kann man hervorragend Gemüse, Spargel, Obst und Brot kaufen oder im Café auch nur einen Kaffee trinken. Es gibt selbst gebackenen Kuchen, und wann immer es unsere Zeit erlaubt, kehren meine Familie und ich hier ein.
Übrigens: Obst und Gemüse kann man im Sommer und Herbst die ganze Woche auch selbst pflücken.

- Scherlebecker Str. 435
  45701 Herten-Scherlebeck
  Tel. 0 23 66/424 46
  www.spargelhof-schulte-scherlebeck.de

Flugplatz Loemühle: gemütlich sitzen und den Fliegern beim Starten und Landen zusehen

WEITERE AUSFLUGSZIELE MIT EINKEHR IN UND UM HERTEN

Restaurants, Biergärten und Ausflugslokale in der Stadt und im Grünen

Flugplatz Loemühle

Nicht nur für Piloten einen Besuch wert. Auch für Wanderer, Rad- und Motorradfahrer ist der Flugplatz Loemühle ein beliebtes Ausflugsziel. Im Biergarten kann man bei einem Heiß- oder Kaltgetränk den Flugbetrieb beobachten.

- Hülsstr. 301
  45770 Marl
  www.flugplatz-loemühle.de
  E-Mail: verwaltung@flugplatz-loemühle.de

Haus Alt Westerholt

An der Grenze zum Münsterland gelegen, lädt dieses malerische Restaurant mit Hotel in einem urigen Fachwerkhaus im idyllischen Dorf von Westerholt zur Einkehr ein. Die Speisekarte bietet wechselnde Menüs mit einem tollen Sortiment an Fassbieren. Unter der 100 Jahre alten Kastanie im Biergarten kann man einen wunderbar lauschigen Abend verbringen.

- Schlossstr. 3
  45701 Herten-Westerholt
  Tel. 02 09/352 49
  www.restaurant-alt-westerholt.de
  E-Mail: info@haus-alt-westerholt.de

Restaurant Haus Breuing

Schönes Restaurant mit frischer regionaler Küche mit mediterranem Touch. Das Haus verfügt über zwei Kegelbahnen, die man mieten kann.

- Marler Str. 29
  45659 Recklinghausen
  Tel. 023 61/220 60
  www.haus-breuing.de
  E-Mail: info@haus-breuing.de
  www.facebook.com/HausBreuing

Schneider in der Ried

Uriges Restaurant mit deftiger Hausmannskost mit wechselnden Büffett-Abenden. In den Sommermonaten kann man im lauschigen Biergarten sitzen.

- Backumer Str. 459
  45701 Herten
  Tel. 023 66/47 82
  www.schneider-in-der-ried.de
  E-Mail: info@schneider-in-der-ried.de

Schnitzelhaus Christ

Ein beliebtes Wirtshaus, das mit seinen köstlichen Schnitzelkreationen Jung und Alt begeistert: Pfefferrahmschnitzel, Champignonrahmschnitzel, Schnitzel Hawaii, Schnitzel nach Försterin Art, mit Spargel, paniert oder natur, mit

Schinken und Käse gefüllt – das Angebot ist fantasievoll und einfach überwältigend.

- Herner Str. 68
  45699 Herten
  Tel. 023 66/358 67
  www.schnitzelhaus-christ.de

EVENTS ALLER ART

Konzerte, Tagungen, Messen, Theateraufführungen, Firmenevents und mehr. Ein vielfältiges Angebot lässt keine Wünsche offen.

Schwarzkaue Herten

Die multifunktionale Eventlocation vereint das besondere Industrieflair des Ruhrpotts mit modernster Veranstaltungstechnik. Seit 2016 finden hier regelmäßig Livekonzerte statt. Die Stilrichtung ist vielfältig: Jazz steht ebenso auf dem Programm wie Latino, Hardrock oder Tribute to ABBA, Guns 'n' Roses oder Udo Jürgens. Die Schwarzkaue sagt von sich selbst, dass sie ein idealer Spielort für Kunst und Kultur jeglicher Art ist.

- Glückauf-Ring 35–37
  45699 Herten
  Tel. 023 66/950 88 50
  www.schwarzkaue-herten.de
  E-Mail: info@schwarz-kaue.de
  Instagram:
  @schwarzkaue_eventlocation

MUSEALE EINDRÜCKE

Zwei Museen, wie sie unterschiedlicher nicht sein könnten, laden in Herten zum Besuch ein.

Bergbaumuseum Mühlpforte

In der restaurierten Mühlpforte im Alten Dorf Westerholt zeigt der Knappenverein St. Barbara Bergmannsglück/Westerholt 1993 zahlreiche Ausstellungsstücke, die in früheren Zeiten beim Bergbau zum Einsatz kamen. Presslufthämmer sind ebenso zu sehen wie sogenannte Bergmannsklötzchen oder Pannenschübe. Der Eintritt ist frei.

- Schlossstr. 1
  45701 Herten
  Tel. 02 09/14 38 59
  www.herten.de

Vestisches Spargelmuseum

In diesem Museum auf dem Hof Südfeld im Herzen des Spargeldorfes Scherlebeck in der Ried dreht sich alles um Spargel: Geschichte, Anbau und Ernte. Und sollten Sie gerade in der Spargelsaison vor Ort sein, können Sie nach dem Museumsbesuch im Hofladen frischen Spargel kaufen oder im dazugehörigen Restaurant ein Spargelgericht genießen.

- Backumer Str. 416
  45701 Herten
  Tel. 023 66/44 19

Schon die Glasfassade des Musiktheaters im Revier am Kennedyplatz in Gelsenkirchen ist ein Blickfang.

4

Kultur und Lebensqualität in Gelsenkirchen

Bergmannsglück und Boxkämpfe, Preziosen der Lebensqualität, spektakuläre Architektur und die Handschrift von Yves Klein

Willkommen in der Zechenstadt

Im Ranking der Lebensqualität deutscher Städte belegte Gelsenkirchen vor einiger Zeit den letzten Platz. Völlig zu Unrecht. Man muss zwar ein bisschen suchen, aber dann offenbart sich die Stadt als herrliches Ausflugsziel mit ganz besonderen Sehenswürdigkeiten.

Wenn man über Bergbau spricht, dann ist meist von der Arbeit an sich die Rede. Von der Industrie und ihrer Geschichte.

Aber über die Arbeiter selbst, die jahrzehntelang unter Tage malocht haben, wird selten ein Wort verloren.

Wie sah ihr Alltag abseits der Arbeit in den sogenannten Zechenstädten aus? Um mehr darüber zu erfahren, bin ich mit Egon Kopatz verabredet.

Kopatz ist Heimatforscher. Und während andere sich gerne auch mal so schimpfen, weil sie ihren Wohnort einmal von links nach rechts und von oben nach unten durchquert haben und über die neuesten Nachbarschaftsintrigen Bescheid wissen, hat sich der 71-Jährige den Ruf als Heimatforscher redlich verdient. Seit mehr als einem halben Jahrhundert hat er sich der Geschichte seines Stadtteils Gelsenkirchen-Hassel verschrieben. Er informiert über die Vergangenheit, bestückt mit seinem Fundus an Gebrauchsgegenständen und anderen tollen Dingen Ausstellungen, hält Vorträge und ist Mitglied im Gebietsbeirat sowie im Geschichtskreis Hassel/Bergmannsglück. Ein echter Experte also.

15 Mark für 50 Quadratmeter

Aus genau diesem Grund treffe ich mich mit Egon Kopatz auf dem Voßweg. Der Voßweg ist eine Straße, die zwischen 1910 und 1915 unter der Regentschaft von Kaiser Wilhelm II. erbaut wurde. Während Egon Kopatz und ich über den Voßweg schlendern, passieren wir links und rechts der Straße ein Mehrfamilienhaus nach dem anderen.

»Früher sah das hier alles noch ganz anders aus«, erklärt Kopatz mir. »Die Fassaden der Häuser waren aschgrau verputzt, aber mit üppigen

Blick von oben auf die Neue Zeche Westerholt in Gelsenkirchen-Hassel

Vorgärten voller Blumen, Hecken und Zäunen ausgestattet. Hinter den Häusern gab es außerdem Nutzgärten, in denen man seine Schafe, Ziegen, Enten und Schweine halten konnte. Kostenpunkt für eine 50 m² große Arbeiterwohnung: 15 Mark Miete pro Monat.«

Auf uns ist Verlass

Viel Geld für die Bergbauarbeiter, die in der damaligen Zeit aus den deutschen Ostgebieten Pommern, West- und Ostpreußen, Schlesien und Oberschlesien angeworben wurden. Der Bergbau florierte, weshalb jede Menge Männer dem Ruf der Anstellung im Bergwerk folgte und mit ihren Familien im Ruhrgebiet sesshaft wurde. Hier ließ sich Geld verdienen. Genau das ist im Übrigen auch der Grund dafür, dass der Hammer im Ruhrgebiet bis heute »Mottek« genannt wird. Ein Lehnwort aus dem Polnischen.

Und noch etwas anderes war in der damaligen Zeit erkennbar: Obwohl die Arbeiter aus ganz Deutschland, aber auch Italien oder Polen kamen, gab es doch so gut wie nie Konflikte.

Von Egon Kopatz erfahre ich, wie es früher im Voßweg ausgesehen hat.

»Das war wie beim Arbeiten selbst. Der Bergbau war damals sehr gefährlich. Einer musste sich auf den anderen verlassen«, sagt Egon Kopatz. »Denn wenn man das nicht tat, war man hart gesagt tot.«

Die bunte Geschichte der Schauburg

Sich aufeinander verlassen – das tun die Menschen im Ruhrgebiet auch heute noch. Der Zusammenhalt der Menschen in dieser Region ist einzigartig. Auch oder besonders hier in Gelsenkirchen – jener Stadt, der 2019 im Rahmen einer ZDF-Studie die schlechteste Lebensqualität in ganz Deutschland bescheinigt wurde.

Aber es gibt Kultur und Hochkultur. Man muss nur wissen, wo.

Zum Beispiel in der Schauburg in Gelsenkirchen-Buer. Oder einfach nur »Buer«, wie die Menschen hier sagen. Für viele sind Gelsenkirchen und Buer nämlich immer noch zwei verschiedene Städte, und das aus gutem Grund! Buer war, 1911 gegründet, nämlich eine eigene Stadt, die 1928 gemeinsam mit Horst ein Teil von Gelsenkirchen wurde.

Ein Jahr später eröffnete die Schauburg, einer der letzten klassischen Kinopaläste Deutschlands. Das merkt man gleich, wenn man am alten Kassenhäuschen vorbeigeht und mit einem Mal in dem lichtdurchfluteten Foyer mit den imposanten Treppenaufgängen steht, dessen Wände immer noch mit dem kaukasischen Nussbaum aus den späten 1920er-Jahren vertäfelt sind.

Nostalgisches Flair in der Schauburg

Boxkämpfe vor dem Orchestergraben

Nicht weniger imposant ist der große Vorführsaal. Ursprünglich für das Stummfilmzeitalter konzipiert, fand sich hier lange auch ein Orchestergraben, weshalb in der Schauburg nicht nur Filme gezeigt, sondern auch Opern, Theaterstücke und Musikveranstaltungen aufgeführt wurden. In den 1950er-Jahren fanden sogar Boxkämpfe statt. Heute verbindet der zum Teil unter Denkmalschutz stehende Filmpalast in Gelsenkirchen-Buer das historische Ambiente mit modernster Kinotechnik.

Wenn man im größten der insgesamt drei Kinosäle steht, dann versteht man sofort, warum es eben doch etwas anderes ist, einen Film auf der riesigen Leinwand in einem abgedunkelten Raum mit anderen Gästen zu sehen, als zu Hause beim Streaminganbieter seines Vertrauens mal kurz auf Pause zu drücken, um sich noch ein Bier aus dem Kühlschrank zu holen.

Special Interest auf 35 mm

Auch deshalb bietet die Schauburg neben dem täglichen Programm, das gekonnt den Spagat zwischen den Blockbustern aus Hollywood und kleineren Arthouse-Produktionen schafft, auch spezielle Kinovorstellungen für Kindergärten, Schulen und Senioren an.

Leinwand-Raritäten im Filmclub »Buio Omega«

Und dann ist da noch der geheimnisvolle Filmclub Buio Omega. Seit über 20 Jahren treffen sich seine Mitglieder, allesamt Fans des Exploitationkinos der 1970er- und 1980er-Jahre, jeden dritten Samstag im Monat und schauen 35-mm-Filmkopien aus dem eigenen Bestand.

Die Werkstatt und ihr Verein

Nur ein paar Gehminuten von der Schauburg entfernt findet sich Die Werkstatt. Ein wichtiges Zentrum

Relikt aus den »Golden Twenties«: der Filmpalast Schauburg

für Kunst und Kultur in Gelsenkirchen und Umgebung, das aus der 1976 von Manfred »Many« Szejstecki gemeinsam mit dem Bildhauer Rolf Feddern, den Goldschmieden Klaus und Michael Schadek sowie dem Zeichner Bernhard Woschek gegründeten Künstlergruppe »werkstatt« hervorgegangen ist.

Auf der Suche nach Arbeitsräumen und Präsentationsflächen wurde man am alten Marientor in Gelsenkirchen-Buer fündig und bezog eine gerade freigewordene Ladenfläche. 1980 mussten die Räumlichkeiten einem Einkaufszentrum weichen, und man zog weiter, blieb aber in Buer.

Wichtig war der Gruppe immer die finanzielle Unabhängigkeit, weshalb man auf jegliche Form der Förderung verzichtete, aber zur Aufbesserung der Kasse den bis heute jedes Jahr aufs Neue erhältlichen Werkstatt-Kalender verkaufte.

Als der Werkstatt 2009 die Schließung drohte, gründete man kurzerhand einen Trägerverein. Neben den Ausstellungen namhafter Künstler finden auch Jazzkonzerte, Poetry-Slams, Theateraufführungen und Gesprächsreihen hier eine Plattform.

Musiktheater im Revier

Am anderen Ende, im Süden der Stadt, befindet sich am Kennedyplatz das Musiktheater im Revier. Erbaut von dem renommierten Architekten Werner Ruhnau, gilt das MiR seit seiner Eröffnung 1959 als eines der bedeutendsten Theaterbauten der Nachkriegszeit.

Zum einen natürlich wegen des tollen Programms, dessen Bandbreite von Opern, Operetten, Musicals, Puppentheater bis hin zu Konzerten reicht. Zum anderen aber auch aus architektonischen Gründen. Nach den Entwürfen der Architektengruppe Werner Ruhnau, Harald Deilmann, Ortwin Rave und Max von Hausen gebaut, vereint das MiR gekonnt Architektur und bildende Kunst.

Wer das MiR betritt, dem werden im Innenraum zudem sofort die Bildtafeln in intensivem, monochromem Ultramarineblau auffallen, das im Kontrast zu den weißen Wänden, den schwarzen Decken und dem Grau des Bodens eine erstaunliche Intensität entwickelt. Es trägt den Namen International Klein Blue (IKB) und ist das Markenzeichen des französischen Künstlers Yves Klein. Der weltbekannte Maler, Bildhauer

Die Savanne der ZOOM Erlebniswelt: Heimat von Antilopen, Zebras und Giraffen

und Repräsentant der Kunstrichtung Nouveau Réalisme folgte der Einladung von Werner Ruhnau und gestaltete das Foyer mit seiner charakteristischen Kunst, die auch heute noch ein echter Hingucker ist.

Alaska, Asien und Afrika in Gelsenkirchen

Blau ist übrigens auch eine vorherrschende Farbe in der ZOOM Erlebniswelt, dem Gelsenkirchener Zoo. Seit 1949 wird das Gelände im Stadtteil Bismarck dafür genutzt. Ab 2000 wurde das Konzept des damaligen Ruhrzoos grundlegend überarbeitet, ehe fünf Jahre später die ZOOM Erlebniswelt ihre Pforten öffnete.

Auf dem 31 ha großen Areal des Gelsenkirchener Zoos leben mehr als 100 Tierarten, unterteilt in vier Themenbereiche. Alaska beherbergt Eisbären, Elche und Seelöwen, der asiatische Teil Sibirische Tiger, Sumatra-Orang-Utans sowie zahlreiche Reptilien und Vögel. Afrika wartet mit Brillenpinguinen, Rothschild-Giraffen und Flusspferden auf. Der Themenbereich Grimberger Hof widmet sich hingegen mitteleuropäischen Nutztieren: von Schafen über Schweinen bis hin zu Eseln und Shetlandponys. Übrigens: Ab April bietet sich Frühaufstehern an den Wochenenden Gelegenheit zu einer Morgensafari im Zoo. Gestartet wird um 7.30 Uhr. Tickets für die Morgensafaris werden nur über den Online-Shop verkauft (www.zoom-erlebniswelt.de).

Schalke ist der geilste Club der Welt

Reden wir nicht lange drumherum. Wenn wir in Gelsenkirchen sind, dann muss ich Sie, liebe Leserinnen und Leser, auch mit ins Stadion von jenem Verein nehmen, dem mein Herz gehört, seit ich vor gut 20 Jahren ins Ruhrgebiet gezogen bin und von meinem guten Freund Georg Sommer den blau-weißen Schal umgehangen und ein Ticket in die Hand gedrückt bekommen habe.

HÄTTEN SIE'S GEWUSST?

Johannes Paul II. war tatsächlich Ehrenmitglied des FC Schalke 04. Nachdem der später heiliggesprochene Papst 1987 vor und mit rund 90 000 Menschen eine Messe im Schalker Parkstadion abgehalten hatte, wurde er im Anschluss zum Ehrenmitglied des Vereins ernannt.

In diesem Stadion bin ich oft anzutreffen. Hier spielt mein Verein FC Schalke 04.

Es geht, natürlich, um den FC Schalke 04. Hier, auf Schalke, in der VELTINS-Arena im Norden der Stadt, bestreiten die blau-weißen Knappen ihre Heimspiele, und ich kann jedem nur empfehlen, sich dieses Spektakel mal aus der Nähe und am allerbesten von der Nordkurve aus anzuschauen.

Besonders schön:

Das Steigerlied, also die traditionelle Melodie der Bergleute, ist bei den Heimspielen der Königsblauen mittlerweile ein festes Ritual.

Kurz bevor die Spieler das Feld betreten, wird im gesamten Stadion die Beleuchtung ausgeschaltet, ehe das Lied ertönt und aus vollem Hals mitgesungen wird. Gänsehaut pur!

Was?

Musik und Tanz, Theater und Filmkunst sowie andere kulturelle Schwergewichte

Wann, Wo?

Musiktheater im Revier (MiR)

Jährlich finden hier etwa 250 Aufführungen statt: Von Opern bis Musicals, Sinfoniekonzerten und Tanzaufführungen der hauseigenen Dance Company ist für jeden Kulturliebhaber etwas dabei.

- Kennedyplatz
  45881 Gelsenkirchen
  Tel. 02 09/40 97-200
  www.musiktheater-im-revier.de
  E-Mail: info@musiktheater-im-revier.de
  Theaterkasse: Mo, Sa 10–14, Di–Fr 10–18 Uhr

Wann, Wo?

Schauburg Filmpalast

Dieses Kino darf sich zu Recht als einer der letzten klassischen Filmpaläste Deutschlands bezeichnen. Neben aktuellen Filmen gibt es auch andere cineastische Schätze zu entdecken.

- Horster Str. 6
  45897 Gelsenkirchen
  Tel. 02 09/35 97 69 97
  www.schauburg-gelsenkirchen.de
  E-Mail: info@schauburg-gelsenkirchen.de
  www.facebook.com/SchauburgFilmpalastGelsenkirchen
  Die Kinokasse öffnet tgl. 15 Min. vor Vorstellungsbeginn.

WEITERE KULTURELLE HÖHEPUNKTE

Wann, Wo?

Consol Theater

Seit seiner Eröffnung im Jahr 2001 hat sich das Theater auf dem ehemaligen Zechengelände Consolidation im Stadtteil Bismarck zu einer festen Größe entwickelt. Das Programm – pro Spielzeit sind drei Produktionen geplant – richtet sich vor allem an Kinder und Jugendliche, auch Lesungen finden statt.

- Bismarckstr. 240
  45889 Gelsenkirchen
  Tel. 02 09/988 22 82
  www.consoltheater.de
  E-Mail: kontakt@consoltheater.de
  Instagram: @consoltheater
  Theaterkasse Mo–Fr 15–17 Uhr

Wann, Wo?

Die Werkstatt

Die Werkstatt ist ein Verein zur Förderung von Kunst und Kultur mit wechselnden Ausstellungen, wo es immer etwas Neues zu entdecken gibt. Neben Ausstellungen namhafter Künstler bereichern heute auch Jazz, Poetry-Slam oder

Theateraufführungen das Repertoire des ambitionierten Kunst- und Kulturzentrums.

- Hagenstr. 34
  45894 Gelsenkirchen
  Tel. 02 09/40 24 45 43
  www.werkstatt-ev.de
  E-Mail: info@werkstatt-ev.de
  Di–Fr 16–18, Sa 11–14 Uhr

NICHT VERPASSEN

Nordsternpark

Auf dem Areal der Zeche Nordstern, die 1993 die Kohleförderung einstellte, blüht es schon seit 1997 ganz prächtig. Die alten Gebäude der Zeche wurden bei der Umgestaltung des Geländes bewusst mit einbezogen. Im Außenbereich gibt es drei künstliche, 18 m hohe Kletterfelsen und einen Besucherstollen, in dem man sich über die Arbeit der Bergleute informieren kann. Eine markante Landmarke ist die modern gestaltete Hängebrücke über den Rhein-Herne-Kanal. Besondere Empfehlung: der 83 m hohe ehemalige Zechenturm mit Aussichtsterrasse und die 18 m hohe »Herkules«-Skulptur von Markus Lüpertz, einem der bekanntesten deutschen Künstler der Gegenwart.

TIPPS

EINKEHREN GUTBÜRGERLICH

Bodenständige Küche, gute Hausmannskost, gepflegte Atmosphäre – hier werden Sie fündig.

Dorfkrug

Der Name ist Programm, denn hier wird ein gepflegtes Bier und deftige gutbürgerliche Küche aufgetischt. Der Dorfkrug hat nicht umsonst das Rennen um das beste Restaurant gemacht und 2021 den ersten Platz bei der TV-Sendung »Mein Lokal, Dein Lokal« belegt.

- Marienstr. 4
  45894 Gelsenkirchen
  Tel. 02 09/39 01 60
  www.dorfkrug-buer.de
  E-Mail: info@dorfkrug-buer.de
  Instagram: @dorfkrug_buer
  www.facebook.com/Dorfkrug.Buer

Ich danke Sie! – Mitten im Pott

Das urige Lokal befindet sich auf dem Lippenshof in Bottrop. Seinen ungewöhnlichen Namen verdankt das Restaurant dem Inhaber und Kultbundesligaspieler Willi »Ente« Lippens, der auf eine Gelbe Karte mit der Aussage des Schiedsrichters »Ich verwarne Ihnen« mit »Ich danke Sie« antwortete – und dafür eine Rote Karte kassierte und

Spektakulär: die Bogenbrücke über den Rhein-Herne-Kanal im Nordsternpark

obendrein noch mit einer 14-tägigen Sperre wegen ungebührenden Benehmens belegt wurde.

- Gungstr. 198
  46238 Bottrop
  Tel. 020 41/459 35
  www.mitten-im-pott.de
  E-Mail: mlippens@t-online.de
  Instagram: @mitten.im.pott
  www.facebook.com/IchdankeSie

La Scala

Pottbekannter Italiener mit frischem Fisch und hausgemachter Pasta. Lassen Sie sich von dem mediterranen Flair und den kulinarischen Kompositionen des Küchenchefs Alfio Scuderi verwöhnen. Und einer großen Auswahl edler Tropfen aus der hauseigenen Vinothek. Gerade am Wochenende am besten zwei Wochen im Voraus reservieren! Das angeschlossene Hotel bietet Erholung in stilvollem Ambiente für den kleinen Urlaub zwischendurch.

- Schlesischer Ring 3
  45894 Gelsenkirchen
  Tel. 02 09/307 41
  www.hotel-lascala.de

E-Mail: info@hotel-lascala.de
www.facebook.com/pages/Restaurant-La-Scala

Vereinslokal Schalke 04

Das alte Vereinslokal des FC Schalke 04, das in Gelsenkirchen jeder unter dem Namen »Bosch« kennt, benannt nach dem legendären ehemaligen Wirt Gerd Bosch, ist eine echte Kultkneipe. Früher kam auch mal der ein oder andere Spieler auf eine Frikadelle vorbei. An Spieltagen ist es hier brechend voll!

- Ernst-Kuzorra-Platz 1
45881 Gelsenkirchen
Tel. 02 09/155 00 67
www.vereinslokal-bosch.de
E-Mail: info@vereinslokal-bosch.de

Vitali

Italienisches Restaurant mit sardischer und toskanischer Küche. Sehr familiäres und gemütliches Ambiente. Der bezaubernde Bier- und Wintergarten bietet ein Stück Dolce Vita im Ruhrgebiet.

- Horster Str. 20
45897 Gelsenkirchen
Tel. 02 09/324 14
www.vitali-restaurant.com
E-Mail: vitali@vitali-restaurant.com
www.facebook.com/vitaliRestaurant

Fangemeinde im Vereinslokal Schalke 04 bei der Übertragung eines Bundesligaspiels

Zum Hexenhäuschen
Alteingesessene Speisegaststätte mit internationaler und gehobener bürgerlicher Küche. Das 1648 erbaute Hexenhäuschen ist eines der ältesten noch erhaltenen Häuser Buers. Wo sich einst Handwerksburschen, Soldaten, Rädelsführer und Revolutionäre trafen und Umsturzpläne ausheckten, werden heute Spezialitäten wie Kaninchenfilet auf Portwein-Trauben-Sauce oder provenzalisches Lamm auf Blattspinat serviert.

- Marienstr. 6
  45894 Gelsenkirchen
  Tel. 02 09/312 66
  www.zumhexenhaeuschen.de
  E-Mail: info@zumhexenhaeuschen.de

AB INS MUSEUM

Diese beiden Museen werden auch Museumsmuffel mögen. Das erste widmet sich der im Jahr 2000 geschlossenen Zeche Hugo und bietet nach dem Besuch sogar ein Bergmannsessen an; das zweite entführt den Besucher in die Welt des »runden Leders«: Fußball, Schalke – was sonst?

Das kleine Museum in der Zeche Hugo – Schacht 2
Neben allerlei Objekten zum Thema Bergbautradition bietet das Museum eine Besonderheit an: Haldenwanderungen mit Grubenlampen und anschließendem Bergmannsessen (»Pannas« = eine typisch westfälische Kochwurst mit Buchweizenmehl, Bratwurst und Kartoffeln) für kleine und große Gruppen an. Sehenswert! Auch der nächtliche Blick auf die Landschaft ist ein Erlebnis.

- Eschweilerstr. 47
  45897 Gelsenkirchen
  Tel. 02 09/59 46 59 oder
  0172/277 34 31

Schalke Museum
Auf rund 600 m² sammeln sich allerlei Fotos, Exponate und die einzigartige Geschichte des Vereins, die »königsblaue Schatzkammer«! Auf Schalke-Fans warten u. a. Trikots ihrer Heroen, Plakate, Wimpel, Ehrennadeln und natürlich Meisterschalen, Cups und Siegerpokale. Und Filme über Spielerlegenden wie Ernst Kuzorra, Willi Koslowski oder Olaf Thon. Wer mag, kann nach dem Museumsbesuch eine Stadionführung buchen und einen Blick hinter die Kulissen tun (schalke04.de/arena-tour).

- Ernst-Kuzorra-Weg 1
  Osttribüne der VELTINS-Arena,
  Eingang West 1
  45891 Gelsenkirchen
  www.schalke04.de/verein/tradition/museum

Fast der Nabel der Welt: Holgers Erzbahnbude
am Dreieck der Radwege Erzbahntrasse und Zollverein

5

Auf 'ne Currywurst, Bier und Flickzeug nach Herne

Scharfmacher Currywurst,
der Mond von Wanne-Eickel,
die Renaissance eines Literaturhauses
und ein Hotspot für Biker

Reise zum Mittelpunkt des Potts

Die schärfste Currywurst der Welt, das schönste Literaturhaus des Landes, mit der Cranger Kirmes das größte Volksfest Nordrhein-Westfalens – dafür, dass Herne die flächenmäßig kleinste, wenn auch am dichtesten besiedelte Stadt im Ruhrgebiet ist, hat sie jede Menge zu bieten.

Zwischen Bochum und Recklinghausen liegt Herne, die beinahe kleinste Großstadt Deutschlands. Ganz ehrlich! Nur Offenbach am Main, in der Nähe von Frankfurt am Main, ist noch kleiner. Auch wenn Herne mit seinen gut 52 km^2 flächenmäßig nicht so viel hergibt, ist es nach München, Berlin und Stuttgart mit etwas mehr als 160 000 Einwohnern doch die Stadt mit der viertgrößten Bevölkerungsdichte in ganz Deutschland.

Ein Plausch mit Elisabeth Röttsches …

Aber Herne hat noch etwas ganz anderes zu bieten: die Currywurst. Und zwar nicht irgendeine, nein, sondern tatsächlich die schärfste der Welt. Nun behauptet natürlich jede zweite Pommesbude, dass keine andere es mit ihrer Currywurst aufnehmen könne – aber hier, in der Heidstraße, bei Gerd und Gaby Herzog sowie ihrem Sohn Daniel, gibt es seit 1994 eine Ausführung des Imbissklassikers, die einem wirklich die Schuhe auszieht.

Wir fahren vorbei an der Berghalde Pluto-Wilhelm und erreichen die Stadt im Westen. Dafür, dass die Herzogs so selbstbewusst mit ihrem »Scharfmacher« werben, versteckt sich ihr Familienbetrieb fast ein wenig schüchtern zwischen grauen und braunen Mehrfamilienhäusern in der schmalen Straße. Erst beim Näherkommen leuchtet der Fassadenanstrich in Signal- oder besser Chilirot und weist uns den Weg.

Wurst nur gegen Ausweis!

Auf den Grill kommt in Herne nur die »Echte« von der Fleischerei Dönninghaus in Bochum – eine weit über die Stadtgrenzen bekannte Wurst, deren Rezept seit drei Generationen in Familienbesitz ist und von Großvater und Fleischermeister Otto Dönninghaus über dessen Schwiegersohn Josef bis zu seinem Enkel Dirk Schulz weitergegeben wurde.

Dazu reichen die Herzogs ihre hausgemachte Sauce in unterschiedlichen Schärfegraden. Ganz besonders haben es dabei die 10 und die 10+ in sich. Letztere kommt mit sagenhaften 666 000 Scoville. Nicht umsonst warnt die Speisekarte vor Gefahren für die Gesundheit.

Wer sich wirklich rantraut, bekommt die Wurst nur, wenn er volljährig ist und sie gleich vor Ort im Imbiss verputzt.

... der Gründerin des Literaturhauses Herne

Fritten mit Nutella

Ich entscheide mich trotzdem für die Nummer 3: Die Wurst ist außen kross und innen saftig, die Sauce mild, mit leichter und angenehmer Schärfe. Dazu eine Portion Pommes – knusprig und genau richtig gesalzen – und außerdem eine eiskalte Cola. Ein vorzügliches Menü, das ich an einem der Tische vor dem Imbiss genieße.

Neben diversen Currywurst-Kreationen stehen in der Heidstraße noch ein paar andere Besonderheiten auf der Speisekarte. Beispielsweise Pommes frites mit Nutella – oder Zimt und Zucker! Aber, keine Angst, wer es lieber klassisch mag, bekommt hier auch das obligatorische Jägerschnitzel oder den leckeren Burger.

Hochprozentiges aus der eigenen Destille

Hand aufs Herz: Mit Currywurst und Pommes im Magen radelt es sich nicht mehr ganz so leicht. Ein Absacker muss her. Wir folgen der Heidstraße, biegen an ihrem Ende in die Hauptstraße und stehen nach knapp fünf Minuten vor der Alten Drogerie Meinken in Herne-Crange. Arzneimittel gibt es hier schon lange nicht mehr. Aber wer auf der Suche nach Hochprozentigem ist, bekommt hier alles, was Herz – und Leber – begehren.

Im Jahr 1700 zum ersten Mal erwähnt, gehört die Alte Drogerie mittlerweile zu den ältesten noch verbliebenen Brennereien in Westfalen. Damals wurde ausschließlich Korn gebrannt. Den gibt es auch heute noch, das dafür benötigte Getreide stammt von den Bauern und Genossenschaften aus der Umgebung.

Bekannt ist die Alte Drogerie aber vor allem für die Eigenkreationen aus der eigenen Destillerie Eickler & Callen. Der »Mond von Wanne-Eickel«, ein Likör auf Weizenbasis mit Apfel- und Birnensaft, oder der »Cranger Kirmestropfen«, ein kräftiger Kräuterschnaps, sind weit über Herne hinaus bekannte Spezialitäten, die mittlerweile sogar international vertrieben werden.

Schmökern bei Kaffee und Kuchen

Wir sind allerdings nicht nur der Kulinarik wegen in Herne. Denn der Mittelpunkt des Ruhrgebiets bietet auch auf kultureller Ebene ein echtes Highlight: Im Osten der Stadt befindet sich nämlich das Literatur-

Im Literaturcafé kann ich nach Herzenslust in einem der vielen Bücher schmökern.

Ein tolles Ambiente lädt ein zum Bücherstöbern.

haus der Stadt. 2016 eröffnet, hat es sich mit seiner beeindruckenden Architektur und tollen Atmosphäre längst über die Region hinaus einen Namen als Literatur- und Kulturinstitution gemacht.

Warum das so ist, davon erhält man einen guten Eindruck, wenn man einfach mal in der Bebelstraße vorbeischaut.

Das macht schon die schicke Architektur der 1920er-Jahre mit ihren hohen Decken und hellen Räumen deutlich, die einen begeistert, sobald man die Buchhandlung im vorderen Teil des Gebäudes betritt.

Es herrscht eine fast magische Stimmung, zu der man beseelt durch die Regale mit dem ausgewählten Buchsortiment streift.

Im Anschluss sollte man es sich unbedingt im Literaturcafé im vorderen Teil der Buchhandlung gemütlich machen und bei Kaffee oder Tee,

Kuchen und Gebäck nach Herzenslust in einem der Bücher schmökern, während einem die Sonne ins Gesicht scheint.

Buchhandlung in der vierten Generation

Das Literaturhaus selbst befindet sich im hinteren Teil des Geländes und war ursprünglich mal eine Druckerei. Ab 1905 lief hier täglich der »Herner Anzeiger« über die Druckwalzen, später kamen religiöse Schriften und Devotionalien dazu, erzählt Elisabeth Röttsches, die die Buchhandlung in der vierten Generation führt und auch das Literaturhaus ins Leben gerufen hat.

Röttsches erzählt, wie nach der Gründung durch ihren Urgroßonkel schließlich ihr Großvater Geschäftsführer der Druckerei wurde. Als die Nazis an die Macht kamen, weigert der Opa sich, der NSDAP beizutreten. »Für einen Verleger und Buchhändler bedeutete das damals das Todesurteil«, erzählt Röttsches. »Die Auflagen gingen zurück und Anzeigen wurden auch keine mehr bestellt.« Die Folge: 1937 wurde das Haus zwangsversteigert.

Erst nach dem Krieg wird der Betrieb wieder aufgenommen. Zu der Kernaufgabe als Druckerei kommt der Handel mit Büchern und Schreibwaren.

2009 kauft Familie Röttsches das Gebäude wieder zurück und beginnt mit einer umfangreichen Sanierung, die sich sehen lassen kann. Die ehemalige Druckerei erstrahlt in neuem Glanz und besticht durch einen geschickten Mix aus Industriecharakter des letzten Jahrhunderts und modernen Elementen, wie etwa den eindrucksvoll gestalteten Fenstern. 2015 ist es schließlich Zeit für eine

NICHT VERPASSEN

Tigerpalast

Ein Kindertheater, aber was für eins! Nicht nur für die Kleinen und sogar die ganz Kleinen, sondern auch die Großen! Bernd Staklies und Schauspielerkollege Helmut Wirtz zeigen im Herzen von Herne nicht nur Märchen wie »Rumpelstilzchen« oder »Hänsel und Gretel«, sondern auch herrliche Stücke wie »Drache auf Baustelle Süd« – mit jeder Menge Spaß und Lokalkolorit.

- Heisterkamp 62
  44652 Herne
  Tel. 023 25/356 32
  www.tigerpalast-herne.de
  E-Mail:
  tigerpalast-herne@t-online.de

Neuausrichtung, die neben der Buchhandlung samt dem angeschlossenen Café auch die alte Druckerei einbindet. Der Verein Literaturhaus Herne Ruhr organisiert hier ganzjährig Lesungen und Musikveranstaltungen, die sich hören und sehen lassen können. Auch meine Frau und ich waren bereits mehrfach hier zu Gast in Herne, und es ist für uns immer wieder ein Genuss!

Revierpark Gysenberg

Nur 3 km entfernt, direkt an der Grenze zu Bochum gelegen, bietet der im Jahr 1970 eingeweihte Revierpark Gysenberg auf 32 ha Entspannung pur. Eine grüne Oase im Ruhrgebiet. Mit riesigen Rasenflächen, auf denen nicht nur ich es mir gemütlich mache: Überall haben sich Sonnenanbeter im Gras niedergelassen, es wird relaxt, gespielt, geplaudert oder ein Picknick gemacht. Auf dem bewaldeten Hügel sieht man vereinzelt Jogger, ab und an auch eine Gruppe Nordic Walker oder mal ein Pferd samt Reiter.

Eine Oase der Ruhe für gestresste Städter: der Revierpark Gysenberg

Auch für Kinder ist der Gysenberg mit seinem Waldspielplatz und den Wiesenflächen ein echtes Abenteuer- und Spieleparadies. Der Freizeitpark bietet obendrein ein Trampolin, eine Wasserrutsche und sogar eine Kartbahn. Wer mag, dreht eine Runde mit der Lok »Jolante« oder stattet dem Tierpark im Revierpark Gysenberg einen Besuch ab.

Teil des Emscher-Radwegs: Brücke über den Fluss im Essener Ortsteil Karnapcke

Ein Päuschen zwischen Erzbahntrasse und Emscher-Radweg

Weiter geht's auf der Erzbahntrasse nach Bochum – eine meiner absoluten Lieblingsstrecken hier im Ruhrgebiet. Die endlos langen und breiten Radwege führen weit abseits der Straßen durchs Grüne. Während man vor sich hinrollt und den Blick schweifen lässt, kann man kaum glauben, dass hier vor einigen Jahrzehnten weit und breit noch Schwerindustrie die Gegend dominiert hat.

Auf dem Weg in Richtung Süden kommen wir noch dazu an einer echten Institution vorbei: Holgers Erzbahnbude.

Nur ein Kiosk. Aber was für einer!

An der Schnittstelle von Erzbahntrasse und Emscherradweg betreibt Holger Müller einen Hotspot für Fahrradfahrer und Fußgänger.

Und das, obwohl Holger genau wie ich gar nicht von hier kommt. Holger stammt aus dem hohen Norden. In Cuxhaven geboren, studierte er in Hamburg und arbeitete an der Elbe als Fahrradkurier. Durch seinen Job bei einem Start-up-Unternehmen kam er schließlich ins Ruhrgebiet – und blieb.

Ob Hunger, Durst oder Fahrradpanne: An Holgers Kiosk wird jedem geholfen.

Kühles Bier und Werkzeug fürs Rad

Ein Glück, denn an der Erzbahnbude gibt es alles, was das (hungrige) Herz begehrt. Frisch gebrühten Kaffee, herrlich leckeren Kuchen, »Friko« und »Bocki« auf die Hand und natürlich auch kühles Bier – aber nur mit Bügelverschluss. Wegen der Insekten.

Aber Holger hat nicht nur Essen und Getränke im Angebot, sondern auch Flickzeug, Kettensätze oder sogar einen neuen Schlauch fürs Rad. Am Wochenende ist sogar jemand da, der kleine Reparaturen ausführen kann. Nicht umsonst wimmelt es bei gutem Wetter nur so von Zweiradfahrern, die vor der Bude verschnaufen oder sich manchmal auch ein besonders ausgiebiges Päuschen gönnen.

Kaum vorstellbar, dass hier vor ein paar Jahrzehnten auf genau diesen Strecken noch Schwerindustrie über die Schienen gelaufen ist. Aber genau deshalb liebt Holger Müller den Standort seiner Bude so. Weil nichts den Strukturwandel so schön beschreibt wie der neue Freizeitwert der ehemaligen Trassen.

Was?

Imbisskultur im Ruhrpott: die ultimative Currywurst – in unterschiedlichen Schärfegraden – bestellen und genießen.

Wo, wann?

Die Currywurst

Bei Gerd und Gaby Herzog gibt es nicht nur die schärfste Currywurst der Welt, sondern vermutlich auch die leckerste. Und dazu Fritten vom Feinsten und in ungewöhnlichen Varianten.

- Heidstr. 28
  44649 Wanne-Eickel (Herne)
  Tel. 02325/777 76
  www.diecurrywurst.com
  E-Mail: gerd@diecurrywurst.com
  Instagram: @diecurrywurst
  Mo–Sa 12–20.30 Uhr

Was?

Einen Kiosk erleben, der die ungewöhnlichsten Serviceleistungen im Angebot hat

Wo, wann?

Holgers Erzbahnbude

Einer meiner absoluten Lieblingsorte. An Holgers Kiosk kann man nicht nur Limo, Wasser, Bier, eine Wurst vom Grill oder einen Schokoriegel kaufen. Auch wer eine Radpanne oder kein Flickzeug etc. zur Hand hat, wird hier prompt bedient.

- Erzbahntrasse
  45886 Gelsenkirchen
  Tel. 0176/24 13 04 49
  Instagram: @erzbahnbude
  März–Nov. tgl. 10/11–ca. 21 Uhr
  (außer bei Dauerregen)

Die ungelogen schärfste Currywurst der Welt gibt es am Imbissstand der Herzogs.

TIPPS

EDLE TROPFEN UND WÄSSERCHEN

Obstbrände, Liköre, Korn, Gin und andere selbst gebrannte »Lebenswässerchen« warten auf Liebhaber hochprozentiger Getränke.

Alte Drogerie

Der über die Stadtgrenzen hinaus bekannte »Kirmestropfen« wird heute nach einer geheimen Überlieferung bei der Brennerei Eicker & Callen in Wanne-Süd hergestellt. Das Rezept ist bis heute geheim. Nur drei Personen kennen es, und die unterliegen alle einer rechtlichen Schweigepflicht.

HÄTTEN SIE'S GEWUSST?

Herne ist die geografische Mitte des Potts – und zwar auf 51°31'3" nördlicher Breite und 7°8'42" östlicher Länge. Errechnet hat das 1992 der Geograf Dr. Wojciech Smolarek nach dem »World Geodetic System 1984«. Wer's nicht glaubt, fährt am besten mal in der Rolandstraße 49 im Stadtteil Röhlinghausen vorbei und stattet dem kleinen Mittelpunkt-Monument einen Besuch ab.

- Hauptstr. 414
  44653 Herne
  Tel. 023 25/736 66 oder
  0177/257 16 62
  www.altedrogeriemeinken.de

EIN WENIG HEIMATKUNDE

Nicht nur bei schlechtem Wetter ist ein Museum oder Schloss ein guter Aufenthaltsort! In den folgenden Stätten erfährt man viel Wissenswertes über Land und Leute, Kunst und Architektur, Flora und Fauna.

Emschertal-Museum

Das Emschertal-Museum, zu dem Schloss Strünkede, die Städtische Galerie im Schlosspark Strünkede und das Heimat- und Naturkunde-Museum Wanne-Eickel gehören, ist das größte Regionalmuseum im Ruhrgebiet. Man kann hier Stunden beim Besichtigen der umfangreichen Sammlungen aus den Bereichen Heimat- und Naturkunde sowie Geschichte und Kunst verbringen. Auch kleinen Besuchern wird hier einiges geboten.

- Karl-Brandt-Weg 5
  44629 Herne
  www.herne.de/Kultur-und-Freizeit/Museen/Emschertal-Museum
  E-Mail: emschertal-museum@herne.de

Zu jeder Jahreszeit einen Ausflug wert ist das hübsche Wasserschloss Strünkede.

LWL-Museum für Archäologie Herne

Das 6800 m² große Museum dokumentiert die 250 000-jährige Menschheitsgeschichte in Westfalen. Neben der sehenswerten Dauerausstellung gibt es regelmäßig Sonderausstellungen.

- Europaplatz 1
  44623 Herne
  Tel. 023 23/946 28-0
  www.lwl-landesmuseum-herne.de
  E-Mail:
  lwl-archaeologiemuseum@lwl.org
  oder besucherservice-herne@lwl.org
  Youtube: LWLLandesmuseumHerne
  Instagram: @lwlmuseum_archaeo
  www.facebook.com/LWLMuseum
  Herne
  Twitter: @LWLMuseumArchaeo

Schloss Strünkede

Das zauberhafte Wasserschloss liegt im Stadtteil Baukau inmitten eines ausgedehnten Schlossparks und gehört zu den reizvollsten Sehenswürdigkeiten Hernes. Der Name des Renaissancebaus geht auf das mittelhochdeutsche Wort »strunk« für »gerodeter Baum« zurück. Im Inneren sind Möbel aus der Biedermeierzeit, Keramiken und kostbare Uhren zu bewundern. Nach dem Besuch lädt der herrliche Park zu einem Spaziergang ein.

- Karl-Brandt-Weg 5
  44629 Herne
  Tel. 023 23/16 10 72
  E-Mail: emschertal-museum@herne.de

Siedlung Teutoburgia

Spannende Relikte der Bergbauzeit in Herne: Schwerpunkt ist die unter Denkmalschutz stehende Zechensiedlung Teutoburgia im Stadtteil Börnig. Die wunderschön angelegte Arbeitersiedlung wurde nach der englischen Gartenstadtidee von Ebenezer Howard mit Mehrfamilienhäusern, großen Freiflächen, Grünanlagen, Freisitzen und Gärten kreiert.

- Schadeburgstr. 12a
  44627 Herne
  www.kunstwald.de/aktuelles.htm
  E-Mail: info@kunstwald.de

GEISTIGE UND SCHÖNGEISTIGE NAHRUNG

Erste Adressen für Musik, Literatur, Theater und andere schöne Künste

Literaturhaus Herne

In der Alten Druckerei im Literaturhaus können Sie an Autorenlesun-

Siedlung Teutoburgia: eigens für Grubenarbeiter und ihre Familien konzipiert

gen und musikalischen Veranstaltungen teilnehmen. Danach lädt das dazugehörige Café zu einer Pause ein: Der Kuchen ist ein Muss!

- Bebelstr. 18
  44623 Herne
  Tel. 023 23/14 76 70
  www.literaturhaus-herne-ruhr.de
  E-Mail: roettsches@literaturhaus-herne-ruhr.de
  Instagram: @literaturhausherneruhr
  www.facebook.com/LiteraturhausHerneRuhr

Mondpalast von Wanne-Eickel

Der Mondpalast befindet sich im Städtischen Saalbau des Stadtgartens im Herner Stadtteil Wanne. Der im Jahr 1911 entstandene wilhelminische Jugendstilbau blickt auf eine lange Theatergeschichte zurück. Ich hab mal recherchiert: Seit seiner Gründung im Jahr 2004 sahen mehr als 1,25 Mio. Gäste rund 3500 Vorstellungen.

- Wilhelmstr. 26
  44649 Herne
  Tel. 023 25/58 89 99
  www.mondpalast.com
  E-Mail: info@garantiert-stratmann.com
  Instagram: @mondpalast_wanne
  www.facebook.com/MondpalastvonWanneEickel
  Youtube: StratmannsMondpalast

Mondpalast von Wanne-Eickel: das erste Volkstheater im Ruhrgebiet

FIT UND GESUND BLEIBEN

Sich regen bringt angeblich Segen. In diesem Freizeitpark können Sie sich nach Herzenslust bewegen, auch im Wasser.

Revierpark Gysenberg

Der 1970 eingeweihte Park bietet allen sport- und gesundheitsbewussten Besuchern eine erstaunliche Vielfalt an Freizeitangeboten für alle Altersklassen. Und dazu noch das LAGO, eine Therme mit Sole-, Sauna-, Wellness- und Wasserwelt.

- Am Revierpark 40
  44627 Herne
  Tel. 023 23/96 90
  www.gysenberg.de
  E-Mail: info@gysenberg.de

Schauspielhaus Bochum:
Rückkehr an die Stätte
meiner ersten Erfolge

6

Rund ums Schauspielhaus Bochum

Roter Klinker und hohe Schauspielkunst,
verzückte Sternengucker und
ein ewig rollender »Starlight Express«

Bochum, ich komm aus dir!

Schon Herbert Grönemeyer wusste, dass Bochum keine Schönheit ist. Aber die Stadt hat trotzdem – oder gerade deshalb – ihren Reiz. Auch ich durfte das schon früh erfahren und nehme Sie auf dieser Etappe meiner Reise mit dorthin, wo ich das Ruhrgebiet vor 25 Jahren zum ersten Mal so richtig kennengelernt habe.

Nachdem ich in Hamburg erfolglos versucht hatte, mein Abitur zu machen, schmiss ich die Schule – und machte kurz darauf zum ersten Mal Bekanntschaft mit dem Ruhrgebiet. Zwei Tage nach meiner endgültigen Entscheidung, der Hochschulreife zu entsagen, erhielt ich nämlich einen Anruf von einem mit meiner Mutter befreundeten Regisseur. Er habe gehört, dass ich die Schule geschmissen hätte, und wisse ja, dass ich gerne Theater spielen würde.

Er hätte, erzählte er mir weiter, noch eine Rolle zu besetzen und wollte wissen, ob ich am nächsten Morgen nicht um 10 Uhr zur Probe ans

Schauspielhaus Bochum: 1951–1953 vom Architekten Gerhard Graubner erbaut

Schauspielhaus Bochum kommen könne. Ich konnte. Also packte ich meine Sachen, fuhr nach Bochum – und 14 Tage später hatte ich im Stück »Die Eroberung des Südpols« meine Premiere als Schauspieler.

Der Regisseur und ich kamen gut miteinander aus, weshalb ich für eine weitere Inszenierung von ihm wenig später auch in Köln auf der Bühne stand. Ich spürte, dass das das Richtige für mich war. Ein bisschen hatte ich das immer gewusst, schließlich entstamme ich ja einer Schauspielerfamilie. Aber ab jetzt war es für mich beschlossene Sache, und ich bewarb mich an der Schauspielschule in Bochum.

Ich wurde genommen, blieb allerdings nur ein gutes Jahr. Denn wie eingangs bereits erwähnt, hatte das mit der Schule und mir ja schon mal nicht ganz so gut funktioniert. Ich war der Meinung, dass ich nach meinen anderthalb Jahren Theatererfahrung im Grunde ja schon ein Schauspieler sei, und war mir nicht ganz im Klaren darüber, was man mir hier eigentlich noch groß beibringen wolle. Erst viel später begriff ich, dass zur Schauspielerei doch ein bisschen mehr gehört, und nahm mühsam Privatstunden in Sachen Stimmbildung, Körpertraining, Fechten und Gesang.

Das Schauspielhaus

Aus genau diesem Grund möchte ich Ihnen allen raten, es mir nicht gleichzutun, sondern sich Zeit zu nehmen. Statten Sie dem Schauspielhaus in Bochum einen Besuch ab. Es lohnt sich!

Denn das Schauspielhaus wird nicht umsonst immer wieder als schönstes Theater der Welt bezeichnet.

Mit seiner offenen Fensterfront zieht das imposante Gebäude an der Königsallee alle Blicke auf sich, und die großen Säle bieten ein ganz besonderes Theatererlebnis.

Die Geschichte des Schauspielhauses Bochum begann schon 1908, als das Apollo-Theater, ein Varieté-Theater des Bauunternehmers Clemens Erlemann, am heutigen Standort an der Königsallee eröffnete. Als Gründungszeitpunkt des Schauspielhauses gilt allerdings der Be-

Mit ein wenig Wehmut denke ich an mein Jahr am Schauspielhaus Bochum.

HÄTTEN SIE'S GEWUSST?

Bochum ist Weltrekordhalter! Das Musical »Starlight Express« von Andrew Lloyd Webber wird nämlich bereits seit 1988 hier aufgeführt. Kein Musical wurde bis heute an einem anderen Ort der Welt so lange am Stück gezeigt!

Starlight-Express-Theater
- Stadionring 24
  44791 Bochum
  Tel. 02 34/506 02-0
  Tel. 02 11/734 49 (Tickethotline)
  www.starlight-express.de

ginn der Intendanz von Saladin Schmitt im November 1918. Das Haus in seiner jetzigen Form entstand 1953 auf den Fundamenten des im Zweiten Weltkrieg zerstörten Ursprungs-Baus.

Mehr als hundertjährige Geschichte

2019 feierte das Schauspielhaus Bochum sein 100-jähriges Jubiläum und machte in dieser Zeit viele Künstler auf seinen Bühnen bekannt. Bühnen wohlgemerkt! Das Schauspielhaus selbst, die Kammerspiele, das Oval Office inklusive einer eigenen Bar, das Theaterrevier »Zeche 1« und die

Gastronomie »Tanas«. Im Mai 2021 kam mit der »WeltHütte« noch ein weiterer Spielort im Foyer hinzu. Und auch der Vorplatz ist ein beliebter Treffpunkt.

Neben zeitgenössischen Interpretationen großer und klassischer Stoffe zeigt das Schauspielhaus Bochum zahlreiche Uraufführungen und Stückentwicklungen. Seine Produktionen gastieren in anderen Theatern in Deutschland und Europa und werden zu internationalen Festivals eingeladen.

Das Festival der Künste

Im Umkehrschluss lädt Bochum auch regelmäßig zu einer Kunst- und Kulturveranstaltung von internationaler Tragweite. Die »Ruhrtriennale« lockt mit einem unkonventionellen Programm von Musiktheater über Tanz und Performance bis hin zu Schauspiel und Konzerten im August und September jedes Jahr aufs Neue Hunderttausende Besucher ins Ruhrgebiet.

Das Zentrum des Festivals der Künste ist dabei die Jahrhunderthalle in Bochum, in der Jahr für Jahr umjubelte Premieren von Zimmermanns »Die Soldaten« oder Wagners »Tristan und Isolde« gefeiert werden. Aber das Programm findet darüber hinaus auch in solch tollen Locations wie dem Landschaftspark Duisburg-Nord statt oder auf dem Gelände der Zeche Zollverein.

Der Chinesische Garten: ein Geschenk der Uni Shanghai an den Botanischen Garten

Der Botanische Garten der RUB

Wenn wir schon in Bochum sind, dann müssen wir natürlich auch der Universität einen Besuch ab-

HÄTTEN SIE'S GEWUSST?

007 kommt aus Wattenscheid

Wirklich wahr: James Bond wurde nicht im Vereinigten Königreich geboren, für das er als Geheimagent tätig war, sondern am 11. November 1920 in Bochum. Das ist kein raffinierter Marketing-Gag der Stadt, sondern eine verifizierte Information aus der offiziellen und autorisierten Bond-Biografie, die 1973 von John Pearson veröffentlicht wurde. Laut der verschlug es James' Vater Andrew Bond, einen Schotten, nach dem Ersten Weltkrieg als Mitglied der alliierten Besatzungsbehörde ins Ruhrgebiet, wo er den Krupp-Konzern zerschlagen sollte. Der Sohn von ihm und seiner Frau Monique, einer Schweizerin, sollte eigentlich in Großbritannien zur Welt kommen. Aber weil ein Eisenbahnstreik die Rückreise verhinderte, erblickte Baby James kurzerhand mitten im Ruhrgebiet das Licht der Welt, ehe es mit vier Jahren schließlich nach Großbritannien ging.

statten. Oder besser: dem Botanischen Garten. Der liegt im Stadtteil Querenburg im Südosten der Stadt und erstreckt sich über den Südhang des Campus der Ruhr-Universität. Auf 13 ha finden sich hier mehr als 10 000 Pflanzenarten, was den Botanischen Garten zu einem der größten seiner Art in Deutschland macht.

Das Schöne ist: Der Garten dient nicht nur der Forschung und Lehre der Universität, sondern kann auch einfach zur Erholung genutzt werden. Wer mag, kann natürlich auch durch die unterschiedlichen Gewächshäuser schlendern. Ob Tropenhaus, Savannenhaus oder Wüstenhaus: Überall finden sich exotische Pflanzen aus den unterschiedlichsten Vegetationszonen.

20 Millionen Jahre alte Vegetation

Von denen gibt es auch außerhalb der Gewächshäuser jede Menge zu bestaunen. In der Freilandanlage gedeihen Pflanzen aus Asien, Amerika und Europa. Besonders spannend finde ich den Tertiärteich. Der heißt so, weil er einen Eindruck davon vermittelt, wie die Vegetation auf der Erde in der Zeit des Tertiärs, also vor 6 Mio. bis etwa 2 Mio. Jahren im damals subtropisch warmen Mitteleuropa aussah.

Ein Highlight ist der Chinesische Garten: ein Geschenk der Partneruniversität Tongji in Shanghai zum 25. Jubiläum im Jahr 1990. Die

Gartenanlage wurde damals in China angelegt und dann per Schiff nach Bochum gebracht; bis heute gibt sie einen tollen Eindruck südchinesischer Gartenkunst.

Das vielfältige Nachtleben

Aber genug von Flora und Fauna. Wir begeben uns mitten hinein in die Nacht und wenden den Blick nach oben, zum Sternenhimmel - oder besser: zur Kuppel des Zeiss Planetariums Bochum.

Der zentrale Sternenprojektor und ein System aus acht speziell für das Planetarium entwickelten Videoprojektoren zeigen dort nämlich den Sternenhimmel genauso, wie man ihn von der Erde aus sehen kann - nur eben ohne Wolken oder Lichtverschmutzung durch große Städte, weshalb man einen uneingeschränkten Blick auf sagenhafte 9000 Sterne hat. Die Vorführungen des Planetariums machen so einiges möglich: Flüge in unser Sonnensystem, in ferne Galaxien oder sogar bis an den Rand unseres Universums. Beeindruckend!

Im Zeiss Planetarium Bochum holt man Besuchern die Sterne vom Himmel.

Feiermeile Bermuda3eck: Hier ist Partymachen und Abtauchen angesagt.

Wem weniger nach Sternegucken zumute ist, der stürzt sich am besten ins Nachtleben von Bochum – und was würde sich dafür besser anbieten als das legendäre Bermuda3eck, die Partymeile von Bochum? Eben! Hier finden sich auf einer Fläche von zwei Quadratkilometern Kneipen, Bars, Diskotheken, Clubs, Kinos, Restaurants und Imbissbuden in Hülle und Fülle. 3 Mio. Gäste zählt die Gastronomie jedes Jahr, an schönen Wochenenden sind es manchmal bis zu 30 000, und

wenn das Musikfestival »Bochum Total« ins Bermuda3eck lockt, kommen fast 300 000 Gäste, die für eine unbeschreibliche Stimmung sorgen.

Was?

Dem wunderschönen Schauspielhaus Bochum seine Aufwartung machen und vielleicht sogar eine Aufführung besuchen.

Wo, wann?

Schauspielhaus Bochum

Das Haus an der Königsallee gehört seit seiner Gründung zu den großen und renommierten Theatern in Deutschland. Auch die neoklassizistische Fassade ist ein Blickfang.

- Königsallee 15
  44789 Bochum
  Tel. 02 34/33 33 55 55
  www.schauspielhausbochum.de
  E-Mail: tickets@schauspielhaus.de
  Instagram:
  @schauspielhausbochum
  www.facebook.com/
  schauspielhausbochum

Was?

Ein Besuch im Botanischen Garten, auf den Freiflächen oder in den Gewächshäusern die exotischen Pflanzen bewundern

Wo, wann?

Botanischer Garten der Ruhr-Universität Bochum

Angrenzend an die Universität und nahe des Kemnader Sees lädt ein erholsames Fleckchen Grün voller exotischer Gewächse zum Besuchen und Relaxen ein.

- Universitätsstr. 160
  44801 Bochum
  Tel. 02 34/322 30 98
  www.boga.ruhr-uni-bochum.de
  E-Mail: bota@ruhr-uni-bochum.de
  1. April–31. Okt. Mo–So 9–18,
  1. Nov.–31.3. Mo–So 9–16 Uhr

EIN WEITERES HIMMLISCHES HIGHLIGHT

Was?

Den Sternenhimmel sehen und erklärt bekommen und unzählige Sterne leuchten sehen ...

Wo, wann?

Zeiss Planetarium Bochum

Sternegucken in einem der meistbesuchten Sternetheater Europas. Unternehmen Sie eine Livetour durchs Universum oder erkunden Sie den Himmel über dem Ruhrgebiet.

- Castroper Str. 67
  44791 Bochum
  Tel. 02 21/28 02 14 (Tickethotline)
  www.planetarium-bochum.de
  E-Mail: info@planetarium-bochum.de
  Instagram: @planetarium.bochum
  www.facebook.com/planetarium.
  bochum
  Kasse: Mo–Fr 9–15.30 Uhr,
  Veranstaltungen tgl. außer Mo

TIPPS

WENN SIE UNTERWEGS DER KLEINE (ODER GROSSE) HUNGER ÜBERKOMMT

Hier ein paar Empfehlungen zu Cafés und Kneipen, gutbürgerlichen Gasthäusern und Spezialitätenrestaurants

Butterbrotbar

Wie der Name schon sagt: Hier gibt es ein kleines, feines Angebot an hausgemachten Gerichten und leckeren Getränken.

- Hans-Ehrenberg-Platz 1
  44789 Bochum
  Tel. 02 34/91 58 68 68
  www.butterbrotbar.de
  E-Mail: info@butterbrotbar.de
  www.facebook.com/butterbrotbar

Für viele Bochumer ist das Livingroom wie ein zweites Wohnzimmer.

Fräulein Coffea

Kleines, süßes Café mit ebensolchen Kuchen und exzellenten Kaffeespezialitäten.

- Oskar-Hoffmann-Str. 34
  44789 Bochum
  Tel. 02 34/54 44 02 28

Franz Ferdinand

Stilvolles Restaurant direkt am Zoo, das seine Gäste mit gehobener österreichischer Küche erfreut. Unbedingt das Wiener Schnitzel probieren! Oder wie wäre es mit einem zarten Tafelspitz, einem deftigen Szegediner Gulasch und zum Nachtisch mit Wachauer Eismarillenknödeln? Im Sommer lockt das Beisel im Biergarten unter schattigen alten Kastanien.

- Klinikstr. 51
  44791 Bochum
  Tel. 02 34/93 53 92 12
  www.franzferdinand-bochum.de

Livingroom

Das größte Wohnzimmer des Ruhrgebiets in der Nähe des Hauptbahnhofs ist unterteilt in vier Bereiche: Bar, Lounge, Casual Dining und Casual Fine Dining. Je nachdem, wonach einem der Sinn steht, kann man auch mal spontan den Bereich innerhalb des Restaurants wechseln.

- Luisenstr. 9–13
  44787 Bochum
  Tel. 02 34/953 56 85
  www.livingroom-bochum.de

PiepNitz Craft Bier

Es geht doch nichts über ein gepflegtes Pils. Meistens jedenfalls. Denn die Craft-Bier-Brauerei PiepNitz liefert einen köstlichen Gegenentwurf zum Angebot der großen Brauereien in der Region. Hier gibt es ausgefallene und handwerklich gebraute Bierspezialitäten: vom malzigen Lager über süßliches Red Ale bis hin zum belgischen Wit-Bier mit fruchtiger Zitrusnote.

- Wattenscheider Hellweg 145
  44867 Bochum
  Tel. 023 27/369 98 40
  www.piepnitz.de
  Instagram: @piepnitz_craftbier

Sushi Takeshi

Feine japanische Küche über den Dächern Altenbochums. Sushi-Chef Daniel Takeshi hat die Finessen der Sushi-Kunst in Japan erlernt und ist somit bestens mit der dortigen Küche vertraut.

- Theoderichstr. 27
  44803 Bochum
  Tel. 02 34/604 94 70
  www.takeshi.rocks

Zum Grünen Gaul

Hervorragendes Restaurant mit hausgemachter gutbürgerlicher Küche sowie ausgesuchten Bieren und Weinen.

- Alte Hattinger Str. 31
  44789 Bochum
  Tel. 02 34/97 64 56 66
  www.zumgruenengaul.de

KINO, THEATER, KABARETT, KNEIPE

Hier ein paar ausgewählte Adressen für einen gelungenen Abend im Theater, Kino oder mit einem Cocktail an der Bar

Bahnhof Langendreer e.V.

Im Bochumer Stadtteil Langendreer ist nicht unglaublich viel los. Könnte man meinen. Aber der Bahnhof Langendreer e. V. hält seit Jahrzehnten dagegen. Ursprünglich klassische Bahnhaltestelle, stand das Gebäude erst lange Jahre leer, wurde in den 1980er-Jahren besetzt und schließlich zum selbstverwalteten Dreh- und Angelpunkt in Sachen Kultur im Osten der Stadt. Neben Konzerten und Kabaretts auf der eigenen Bühne bietet das endstation.kino auch jede Menge interessante Vorführungen.

- Wallbaumweg 108
  44894 Bochum

Tel. 0234/68 71 61-0
www.bahnhof-langendreer.de
Instagram:
@bahnhof_langendreer_bochum

Bermuda3eck

Ein Areal mit einer hohen Dichte an Restaurants, Bars, Kneipen und Kulturstätten zwischen Südring und Konrad-Adenauer-Platz.

- Kortumstr. 2
  44787 Bochum
  Tel. 02 34/911 73 33
  www.bermuda3eck.de

Bochum Total

Normalerweise finden die großen Musikfestivals auf irgendwelchen Äckern im Nirgendwo statt. Im Fall von »Bochum Total« sieht das ein bisschen anders aus. Hier spielen die Künstler mitten in der Stadt. Das Open-Air-Festival findet jährlich im Sommer und mitten im Bermuda3eck statt. Vier Tage, mehr als 70 Acts – und kostenlos!

- Prinz-Regent-Str. 50–60
  44795 Bochum
  Tel. 0234/588 38 38
  www.bochumtotal.de

Casablanca Kino

Das mehrfach prämierte Filmkunsttheater befindet sich im Bermuda3Eck und bietet als Programmkino ausgewählte Filme.

- Kortumstr. 11
  44787 Bochum
  Tel. 02 34/325 91 77
  www.casablanca-bochum.de
  E-Mail: info@casablanca-bochum.de
  www.facebook.com/
  FilmkunstBochum

Rottstraße 5 Theater

Die Off-Bühne befindet sich in einem Hinterhof unweit des Rotlichtviertels. Es werden überwiegend moderne Inszenierungen gezeigt. Darüber hinaus finden regelmäßig Lesungen und Konzerte statt.

- Rottstr. 5
  44793 Bochum
  Tel. 0163/761 50 71
  www.rottstr5-theater.de
  Instagram: @rottstr5theater
  www.facebook.com/rottstr

Ruhrtriennale

Seit 2002 findet das internationale Festival für Musiktheater, Schauspiel, Tanz, Performance, Musik und Bildende Kunst statt (2022: 11. Aug.–18. Sept.). Die Intendanz wechselt dabei alle drei Jahre. Als Spielstätten dienen auch ehemalige Zechen, Maschinenhallen und Kokereien.

- Gerard-Mortier-Platz 1
  44793 Bochum
  Tel. 02 34/97 48 33 00
  www.ruhrtriennale.de

E-Mail: info@ruhrtriennale.de
Instagram: @ruhrtriennale
www.facebook.com/ruhrtriennale

UND ZU GUTER LETZT …

… noch zwei ausgefallene Shoppingadressen

Le Salon Vintage
Erlesene und hochwertige Vintage Mode für Sie und Ihn aus den letzten 100 Jahren.

- Oskar-Hoffmann-Str. 43
  44789 Bochum
  Tel. 0179/398 49 65
  www.le-salon-bochum.de
  E-Mail: lesalonvintage@yahoo.de

nussmanufaktur.ruhr
Naschen muss nicht immer gleich mit einem schlechten Gewissen gepaart sein. Das findet auch die nussmanufaktur.ruhr, die sich einen bewussten Umgang mit gesunden Knabbereien zur Aufgabe gemacht hat. Die Nussmischungen – süß, pikant und richtig scharf – sind ein echter Hochgenuss und werden nicht nur in und um Bochum, sondern mittlerweile sogar auf Norderney angeboten! Auf der Homepage findet sich eine Übersicht der führenden Geschäfte, welche die Nussmischungen anbieten.

- Tel. 0160/544 38 32
  www.nussmanufaktur-ruhr.de

Jürgen Bielawny, Inhaber des Le Salon Vintage, ist selbst ein Vintage-Fan.

NICHT VERPASSEN

Bergbaumuseum Bochum
Noch ein Bergbaumuseum – aber was für eines! 1930 erbaut, zählt das Bergbaumuseum in Bochum, dessen grünen Förderturm man schon von Weitem erkennt, jährlich über 400 000 Besucher. Aus gutem Grund: Gleich vier verschiedene Rundgänge zu den Themen Bergbau, Steinkohle, Bodenschätze und Kunst geben einen tollen Einblick in die Industrie vergangener Zeiten. Besonderes Highlight ist der Seilfahrtsimulator, mit dem es gefühlt 1200 m unter Tage geht.

- Am Bergbaumuseum 28
  44791 Bochum
  Tel. 02 34/58 77-0
  www.bergbaumuseum.de
  E-Mail: info@bergbaumuseum.de

Schon beim Anblick der Fassade des
Grillo-Theaters in Essen kommt Freude au

7

Statt Kohle – Kultur satt in Essen

Eiffelturm an der Ruhr, physikalische Phänomene, Kunst im neobarocken Outfit und zwei generöse Stifter

Eine Stadt im Wandel

Von Bochum geht es westwärts nach Essen. 2010 zur Kulturhauptstadt und 2017 zur grünsten Hauptstadt Europas gewählt, zeigt Essen wie keine andere Metropole an der Ruhr die Veränderungen im Laufe der Zeit.

Um das Jahr 850 vom Bischof Altfrid als Stift für Töchter des sächsischen Hochadels gegründet, wurde Essen erst durch die Kohle- und Stahlindustrie zur Stadt. Die Montanindustrie ist Geschichte, aber Essen hat den Wandel als Herausforderung genommen. Dass die Stadt die Titel als grüne und kulturelle Metropole nicht umsonst trägt, wird einem in Essen an allen Ecken und Enden immer wieder vor Augen geführt.

Zum Beispiel im Museum Folkwang, das ohne Frage eines der renommiertesten Kunstmuseen in ganz Deutschland ist. Vor 100 Jahren von Karl Ernst Osthaus in Hagen gegründet, verfolgte der Kunstmäzen und

Ein Glücksfall: der Neubau des Folkwang Museums von Architekt David Chipperfield

Sammler von Anfang an die Idee, moderne Kunst für alle Menschen zugänglich zu machen.

Ein Gang durch die 6200 m² großen Räumlichkeiten mit insgesamt 600 Gemälden, 12 000 Zeichnungen und Grafiken, mehr als 60 000 Fotografien und Tausenden Objekten des Kunsthandwerks aus aller Welt macht deutlich, dass ihm dieses Vorhaben definitiv geglückt ist.

HÄTTEN SIE'S GEWUSST?

In Essen steht in der Zeche Zollverein die höchste freistehende Rolltreppe Deutschlands. Imposant sind die Gangways mit je 250 Stufen, 58 m Länge und einer Fahrtzeit von 90 Sekunden auf jeden Fall!

Das Museum Folkwang bietet einen beinahe vollständigen Überblick über die deutsche und französische Malerei des 19. und 20. Jh. Werke der deutschen Romantik und französischen Landschaftsmalerei sind hier ebenso zu bestaunen wie solche des Expressionismus, des Impressionismus, des Kubismus sowie aus der Bauhaus-Ära und der Moderne über die Nachkriegszeit bis hin zur Gegenwartskunst.

Der Eiffelturm des Ruhrgebiets

Aber Essen ist nicht nur kunstgeschichtlich von Bedeutung. Wie in vielen anderen Städten auch sind aus den stillgelegten Zechen der Region wichtige Kulturinstitutionen geworden. So wie die Zeche Zollverein im Essener Norden. Ihre Schachtanlage und die Kokerei gehören zu den bedeutendsten Industriedenkmälern Europas und wurden 2001 sogar von der UNESCO zum Weltkulturerbe erklärt.

Früher wurde auf dem weitläufigen Industriekomplex malocht, heute finden vor der beeindruckenden Kulisse Konzerte und Festivals statt.

Wer mag, kann aber auf den zahlreichen Denkmalpfaden des Zollvereins oder in der Dauerausstellung des Ruhr-Museums mehr über die Zeit erfahren, in der die Steinkohlenzeche noch aktiv war.

Gedeiht in der Nachbarschaft der Zeche: die Schmalblättrige Miere

Die Rubus zollvereinensis

Aber die Zeche Zollverein hat noch mehr zu bieten, beispielsweise jede Menge Pflanzen- und Tierarten, die man im Ruhrgebiet gar nicht erwartet hätte! Denn seit der Stilllegung hat die Natur sich das Brachland rund um die Zeche zurückgeholt – durch das jahrzehntelange Verschieben der Erdschichten hat sich hier ein ganz spezieller Nährboden für heimische und auch eingeschleppte Pflanzenarten gebildet.

Auch was Tiere angeht, ist die Zeche Zollverein für einige Überraschungen gut. Der von den Abfällen der Kokerei schwarz gefärbte Boden heizt sich bei Sonneneinstrahlung auf und wird schnell bis zu 50 oder 60 °C heiß – und lockt dadurch z. B. ganz spezielle Heuschreckenarten an. Andere Flächen haben sich mit Wasser gefüllt und sind zu Tümpeln geworden.

Perfekte Voraussetzungen für eine ungekannte Artenvielfalt. Forscher haben über 80 neue Pflanzen- und Tierarten rund um die Zeche entdeckt,

darunter z. B. die Schmalblättrige Miere und mit der Rubus zollvereinensis sogar eine gänzlich neue Brombeer-Art.

Auf ins Mitmachmuseum

Und auf dem Gelände des ehemaligen Steinkohlebergwerkes gibt es noch mehr zu entdecken: Das Phänomania Erfahrungsfeld lädt zu einer unglaublichen Entdeckungsreise durch die Welt der physikalischen Phänomene und menschlichen Sinne ein. 120 unterschiedliche Experi-

Erhalt durch Umnutzung: Die Zeche Zollverein ist ein repräsentatives Beispiel.

Eine Augenweide sind die weichen, geschwungenen Formen des Aalto-Theaters.

mentierstationen erklären einem so manches Phänomen, das man oft einfach als gegeben hinnimmt.

Aber warum genau die Nase riecht, das Auge sieht und das Ohr hört? Schwer zu sagen. Aber nach einer Tour durch das Mitmachmuseum sieht das schon ganz anders aus. Von der Balancierscheibe bis zur Tastgalerie oder dem Barfußpark: An jeder Ecke gibt es hier Faszinierendes zu entdecken und auszuprobieren.

Humane Architektur: das Aalto-Musiktheater

Nicht weniger beeindruckend ist das Opernhaus der Stadt. Das imposante Gebäude aus hellem Granit öffnete 1988 seine Pforten. Die ersten Entwürfe für das Theater existierten aber schon ab 1959: Der renommierte finnische Architekt Alvar Aalto nahm mit ihnen am Ideenwettbewerb für das Essener Musiktheater teil. In den Jahren darauf überarbeitete der Finne die Pläne immer wieder, verstarb jedoch, bevor es ab 1976 mit der Realisierung seiner Entwürfe losging und unter der Leitung des deutschen Architekten Harald Deilmann in den Jahren 1983 bis 1988 fertiggestellt wurde. Die mehr als 60 Jahre alte Vision von Aalto kann sich bis heute sehen lassen.

Das Äußere des Theaters erinnert mit seiner geschwungenen Form an einen Baumstumpf oder auch an ein Felsmassiv.

»Humane Architektur« nannte Alvar Aalto das. Die Idee: In der Natur finden sich reihenweise architektonische Vorbilder für Bauwerke, die sich durch ihre Formen ganz natürlich in die Landschaft einfügen.

Das älteste Theater

Keine fünf Minuten Fußweg vom Aalto-Bau entfernt findet sich das Grillo-Theater. Von 1890 bis 1892 nach Plänen des Berliner Theater-Architekten Heinrich Seeling im neobarocken Stil erbaut, ist es eines der ältesten Theater im Ruhrgebiet. Seinen Namen verdankt es dem einflussreichen und kunstsinnigen Industriellen Friedrich Grillo, der 1887 seine Heimatstadt Essen mit der großzügigen Schenkung von 500 000 Mark beim Bau eines Theaters unterstützen wollte. Dazu kam es jedoch nicht, da der edle Spender im April 1888 starb. Doch seine Witwe Wilhelmine erfüllte das Versprechen ihres Mannes und stellte zusätzlich zum Grundstück zwei Drittel der

Die rosa Putzfassade des Grillo-Theaters stammt aus den 1950er-Jahren.

Gesamtkosten für den Theaterbau aus dem Familienvermögen zur Verfügung. Was dazu führte, dass sich daraufhin auch Essens Industriebaron Friedrich Alfred Krupp bemüßigt fühlte, zu den Betriebskosten jährlich ein Scherflein von 10 000 Mark beizusteuern. Und so kam es, dass nach zweieinhalbjähriger Bauzeit der Musentempel am 16. September 1892 mit einer Aufführung von Lessings Tragikomödie »Minna von Barnhelm« feierlich seine Eröffnung zelebrieren konnte.

Nachdem das Grillo-Theater im Zweiten Weltkrieg durch Bombenangriffe zu großen Teilen zerstört wurde, folgte nicht nur ein Wiederauf-, sondern auch ein Umbau zum Volkstheater mit weniger Rängen und ohne schnörkelige Fassade, dafür mit einer sachlichen neoklassizistischen Front. Nach der Eröffnung des Aalto-Opernhauses wurde das Grillo-Theater schließlich zum reinen Schauspielhaus umgebaut. Der große Saal des Grillo-Theaters mit seinen 427 Plätzen ist heute die Hauptspielstätte des Schauspiels Essen und bietet Theaterkunst vom Feinsten.

Der größte Kinosaal

Aber Essen hat nicht nur eines der ältesten Theater, sondern auch den größten Filmpalast Deutschlands zu bieten. 1928 eröffnet, ist die Lichtburg weit über Essen hinaus bekannt und bietet mit 1250 Sitzplätzen und einer rund 150 m² großen Bildwand ein echtes Prachtstück der deutschen Kinokultur.

Kinokultur von ihrer schönsten Seite ist ein Merkmal des Filmpalasts Lichtburg.

Das farbenfrohe Hundertwasserhaus, heute ein Heim für schwer kranke Kinder

Von Grau zu Grün und Gold

Wem nicht nach Kino- oder Theaterbesuchen ist, der findet in Essen genug Möglichkeiten, sich die Füße zu vertreten. Eine herrliche Gelegenheit bietet sich dazu im Grugapark Essen. Aus der großen Ruhrländischen Gartenbauausstellung 1929 entstanden, gehört er mit seinen 700 000 m² sicherlich zu den größten und schönsten Freizeitparks Europas.

Nach Kriegsende wurde der Grugapark zunächst provisorisch wieder aufgebaut und später erweitert. 1952 fand hier die zweite Gruga-Ausstellung und 1965 die Bundesgartenschau statt. Mittlerweile ist die Anlage ein beliebtes Ausflugsziel weit über die regionalen Grenzen hinaus.

Im Grugapark befinden sich u. a. der Botanische Garten mit Pflanzen aus aller Herren Länder, diverse Sport- und Spielplätze, ein kleiner Tierpark, eine eindrucksvolle Vogelfreifluganlage, die Grugabahn und das farbenfrohe Hundertwasserhaus mit dem goldenen Zwiebelturm, übrigens das letzte Werk des österreichischen Künstlers Hundertwasser.

Was?

Ein Besuch im Opernhaus der Stadt, dem Aalto-Musiktheater, das auch Musicals, Konzerte und Ballett in seinem Repertoire hat, oder im Theater und Philharmonie Essen, die ihr Domizil im bildschönen Grillo-Theater hat.

Wann, wo?

Aalto-Musiktheater

Seit 1988 ist es das Opernhaus der Stadt und glänzt nicht nur mit hochkarätiger Architektur, sondern auch mit Aufführungen auf Weltklasseniveau. Die spektakuläre Architektur des Gebäudes ist ebenfalls einen Blick wert.

- Opernplatz 10
  45128 Essen
  Tel. 02 01/812 22 00
  www.theater-essen.de/oper
  E-Mail: tickets@theater-essen.de
  Kartenverkauf Aalto-Theater:
  Di–Sa 13–18 Uhr
  Ticket-Hotline: Mo, Sa 10–16, Di–Fr 10–18 Uhr

Grillo-Theater

Das renommierte Theater ist seit 1988 die Hauptspielstätte des Schauspielensembles in Essen und zählt zu den ältesten Theatern im Ruhrgebiet.

- Theaterplatz 11
  45127 Essen
  Tel. 02 01/812 22 00
  www.schauspiel-essen.de
  E-Mail: tickets@theater-essen.de
  Instagram: @schauspielessen

Was?

Für einen Besuch im renommierten Museum Folkwang mit seiner Sammlung der Klassischen Moderne sollten Sie sich ein wenig Zeit nehmen.

Wo, wann?

Museum Folkwang

Das Kunstmuseum, von dem Paul J. Sachs, der Mitbegründer des New Yorker Museum of Modern Art, schwärmte, dass es »das schönste Museum der Welt« sei, zog 1922 von Hagen nach Essen und präsentiert in dem 2010 eröffneten Neubau von David Chipperfield moderne Kunst: insgesamt 600 Gemälde, 300 Skulpturen – darunter Werke von alten Meistern wie van Gogh, Cézanne, Manet und Rodin, aber auch von sogenannten Jungen Wilden wie Dennis Hopper, Jackson Pollock oder Mark Rothko.

- Museumsplatz 1
  45128 Essen
  Tel. 02 01/884 50 00
  www.museum-folkwang.de
  E-Mail: info@museum-folkwang.essen.de

»Lahmacun« lautet der Name der türkischen Pizza, wie sie im Kaya's serviert wird.

TIPPS

VON STERNEKÖCHEN, SPEZIALITÄTEN-RESTAURANTS UND IMBISSBUDEN

Hier werden Sie verwöhnt, mal exquisit, mal gutbürgerlich, mal exotisch ... und sogar astrologisch!

Der Bonner Hof

Direkt hinter dem Kettwiger-Rathaus gelegen, präsentiert sich das moderne Restaurant mit einem faszinierenden und gekonnten Mix aus kanarischer, mallorquinischer und deutscher Küche.

- Kringsgat 14
  45219 Essen
  Tel. 020 54/53 86
  www.derbonnerhof.online
  E-Mail: info@bonnerhof.de

Kaya's Türkisch essen

Leckeres Essen mit nettem Außenbereich. Natürlich gibt es hier auch den obligatorischen Döner, Köfte und türkische Pizza, aber auch köstliche Suppen, Lammkoteletts und Kayas Hausgericht.

- Moltkestr. 11
  45128 Essen
  Tel. 02 01/54 54 86 04
  www.kaya-s-tuerkisch-essen.eatbu.com
  Instagram: @kayasturkisch

Bahnhof Kettwig: neue Bestimmung als kulturelles Begegnungszentrum

Korfu Grill

Seit mehr als 20 Jahren eine Institution und vermutlich eine der besten Imbissbuden des Ruhrgebiets, vor der sich regelmäßig lange Schlangen bilden. Neben Gyros & Co. stehen auch Currywurst und Schnitzel auf der Karte.

- Huttropstr. 56
  45138 Essen
  Tel. 02 01/27 09 70
  www.korfu-grill-essen.de

Lua

Modernes vietnamesisches Restaurant mit aromatischen Gerichten: herzhafte Suppen, vielfältige Curry-Spezialitäten, köstliche Saté-Spieße, knusprige Ente, Frühlings- und Sommerrollen.

- Lindenallee 81
  45127 Essen
  Tel. 02 01/220 04 65
  www.lua-essen.de
  E-Mail: info@lua-essen.de
  Instagram: @lua.essen
  www.facebook.com/lua.essen

Schote

Das Gourmetrestaurant wird geführt von Sternekoch Nelson Müller, dessen Credo lautet »Wir alle brauchen Essen, das die Seele umarmt«. Serviert werden exklusive Speisen mit perfekt aufeinander abgestimmter Weinführung, ein

Hochgenuss für den Gaumen. Toll, die große offene Küche.

- Rüttenscheider Str. 62
  45130 Essen
  Tel. 02 01/78 01 07
  www.nelson-mueller.de/pages/schote
  E-Mail: schote@nelson-mueller.de
  Instagram: @nelsonmueller
  www.facebook.com/NelsonMuellers

Tofino Burgerbude

Hier wird der vermutlich beste Burger in ganz Essen gemacht. Da werden sogar die Burgerbrötchen noch selbst gebacken!

- Witteringstr. 99
  45130 Essen
  Tel. 02 01/72 664 589
  www.ilovetofino.de
  Instagram: @ilovetofino

Zodiac

Vegetarisches Restaurant mit internationaler Küche. Köstlich, die Ratatouille, das weiße Bohnenpüree, das Tabouleh oder die Samosas. Probieren Sie die Vollkorn-Dinkel-Pizza: ein Genuss! Die Zutaten für die Pizza können Sie sich übrigens nach Ihrer persönlichen Geschmacksrichtung – und sogar passend zu Ihrem Sternzeichen – zusammenstellen lassen.

- Witteringstr. 41
  45130 Essen
  Tel. 02 01/77 12 12 und
  02 01/77 00 12
  www.restaurant-zodiac.de
  E-Mail: af-zodiac@gmx.de
  Instagram: @zodiac__restaurant

Zum Xaver

Noch ein Imbiss. Aber was für einer! Seit 1959 gibt's hier in Holdershausen Hähnchen, Currywürste und einen wechselnden Mittagstisch, der von der Rinderroulade bis zu Königsberger Klopsen alles bereithält.

- Gemarkenstr. 44
  45147 Essen
  Tel. 02 01/77 19 30
  www.zumxaver.de

KUNST & KULTUR, DESIGN, HISTORIE UND KURIOSES

Informativ, spannend, überraschend, aufschlussreich, kreativ ...

Alter Bahnhof Kettwig

130 Jahre nach seiner Eröffnung als S-Bahnhof und 25 Jahre nach der Stilllegung wurde das leer stehende Bahnhofsgebäude zu einem Bürger-, Sport- und Kulturzentrum um- und ausgebaut. Neben Kursen in den Bereichen Sport, Entspannung, Kreativität, Tanz und Sprache gibt es auch Vorträge und Kreativmärkte für alle Altersgruppen.

- Ruhrtalstr. 345
  45219 Essen-Kettwig
  Tel. 020 54/93 93 39
  www.bahnhof-kettwig.de

Mineralien-Museum (im Ruhr-Museum)
Da gibt es glitzernde Kristalle, Mineralien und Fossilien aller Art, Knochen von Dinosauriern, sogenannte Spiralnebel und vieles mehr. Alle diese Exponate erzählen die Geschichte von der Entstehung der Erde. Kurzum: Hier erwartet Sie eine in Deutschland bisher einzigartige Konzentration von Mineralogie, Geologie und Biologie. Besonders beliebt bei Familien. Eintritt frei!

- Kupferdreher Str. 141/143
  45257 Essen-Kupferdreh
  Tel. 02 01/24 68 14 44

Die Ausstellung Phänomenia Erfahrungsfeld kommt Rätseln auf die Spur.

Phänomania Erfahrungsfeld
Anfassen und Ausprobieren ist in dieser Ausstellung ausdrücklich erwünscht! Auf dem Gelände vor und insbesondere in den Räumen des Fördermaschinen- und Umformergebäudes von Schacht 3/7/10 der Zeche Zollverein werden die Geheimnisse von Schwingungen gelüftet, man erfährt, was Sauerstoff alles bewirkt, wie der Geruchssinn oder optische Täuschungen funktionieren. Die Ausstellung ist für Eltern und Kinder gleichermaßen interessant.

- Am Handwerkerpark 8-10
  45309 Essen
  Tel. 02 01/61 79 96 21
  www.erfahrungsfeld.de
  E-Mail: info@erfahrungsfeld.de
  www.facebook.com/phaenomania.essen
  Instagram: @_phaenomania

Red Dot Designmuseum
Hochkarätig! Das Museum befindet sich im ehemaligen Kesselhaus der Zeche Zollverein und zeigt auf rund 4000 m² etwa 2000 Exponate zeitgenössischen Designs, dar-

Im Red Dot Design Museum: Designklassiker aus verschiedenen Lebensbereichen

unter etliche Ikonen aus Bereichen wie Automobil (Audi, Fiat), Kommunikations- und Unterhaltungselektronik (Apple Universe, Lenovo) und Lampen (Spacewalker). Ein Design-Glanzpunkt ist der prämierte Tragschrauber MTOsport Gyrokopter.

- Gelsenkirchener Str. 181
  45309 Essen
  Tel. 02 01/301 04 60
  www.red-dot-design-museum.de/essen
  E-Mail: museum@red-dot.de
  Instagram: @reddotdesignmuseum
  www.facebook.com/reddotdesignmuseum

Ruhr-Museum

Das Ruhr-Museum erzählt die Geschichte der Region und den Strukturwandel anhand von Tausenden Ausstellungsstücken. In der ehemaligen Kohlenwäsche der Zeche Zollverein untergebracht, gibt es neben der Dauerausstellung zur Natur, Kultur und Geschichte des Ruhrgebietes auch regelmäßig Sonderausstellungen, beispielsweise zum Thema Adel an Rhein und Ruhr.

- Gelsenkirchener Str. 181
  45309 Essen
  Tel. 02 01/24 68 14 44
  www.ruhrmuseum.de

Von der Kokerei zum UNESCO-Welterbe: die Zeche Zollverein

E-Mail: besucherdienst@ruhrmuseum.de
Instagram: @ruhrmuseum
www.facebook.com/ruhrmuseum

Zeche Zollverein

»Schönste Zeche der Welt«. Die Zeche Zollverein war von 1851 bis 1986 ein aktives Steinkohlebergwerk. Das spektakuläre Industriedenkmal wurde 2001 in das UNESCO-Welterbe aufgenommen. Eine Führung gibt Einblicke in die knochenharten Lebens- und Arbeitsbedingungen der Kumpel und Koker unter Tage.

- Gelsenkirchener Str. 181
  45309 Essen
  Tel. 02 01/24 68 10
  www.zollverein.de
  E-Mail: info@zollverein.de
  Instagram: @zeche_zollverein
  www.facebook.com/UnescoWelterbeZollverein

Zeitreise ins Jahr 1887

Brille auf, App starten und ins Jahr 1887 eintauchen – in Essen ist das seit April 2022 möglich. Bei »Essen 1887« handelt es sich um einen ca. zweistündigen Stadtrundgang mit sonnenbrillenähnlichen Mixed-Reality-Brillen, tollen Schauspielern und historischem Kontext. Prominente Protagonisten sind u. a. Henning Baum, Nelson Müller, Alicja Rosinski und Harry Wijnvoord.

- Essen 1887 – Essen Marketing GmbH
  Kennedyplatz 5
  45127 Essen
  Tel. 02 01/887 20 62
  Infos und Tickets:
  www.essen1887.de

EIN BESUCH IM THEATER ODER KINO

Ein Abend im Theater oder im Kino ist ein klitzekleiner Farbtupfer im Alltag.

Das Kleine Theater Essen

Als eines der ältesten Privattheater in NRW präsentiert sich das kleine Theater klein, aber fein in familiärer Atmosphäre. Der Spielplan setzt sich zusammen aus Komödien, Kindertheater, Schauspielen oder Kriminalstücken.

- Gänsemarkt 42
  45127 Essen
  Tel. 02 01/520 98 52
  www.kleines-theater-essen.de
  E-Mail: bestellung@kleines-theater-essen.de
  Instagram: @kleinestheateressen

Lichtburg

Für alle Cineasten ein Muss. Mit 1250 Plätzen ist das 1928 erbaute Kino Deutschlands größter Filmpalast.

- Kettwiger Str. 36
  45127 Essen
  Tel. 02 01/23 10 23
  www.filmspiegel-essen.de
  Instagram: @lichtburgessen

SPORT UND BEWEGUNG

Eine Besonderheit: Schwimmen in der ehemaligen Zeche

Werksschwimmbad Zeche Zollverein

2001 von den Frankfurter Künstlern Dirk Paschke und Daniel Milohnic im Rahmen des Kunstprojekts »Zeitgenössische Kunst und Kritik« gefertigt, steht das Werksschwimmbad inmitten der Industriearchitektur für den Strukturwandel im Ruhrgebiet und lädt zum Baden und Planschen in direkter Nähe zu den ehemaligen Koksöfen ein. Beeindruckend!

- UNESCO-Welterbe Zollverein
  Kokereiallee
  45141 Essen
  Tel. 02 01/24 68 10
  www.zollverein.de/erleben/werksschwimmbad-2

UND ZU GUTER LETZT EINE SHOPPING-EMPFEHLUNG

Aus der Region und handgemacht

Manufakt.ruhr

Zugegeben, bei den kleinen Lädchen und Manufakturen im Ruhrgebiet kann man schon mal den Überblick verlieren. Die Manufakt.ruhr schafft damit nun Abhilfe. Der Online-Shop bietet jede Menge Handgemachtes: Kleidung, Schmuck, Möbel, Accessoires, Lebensmittel und Spirituosen – aus der gesamten Ruhr-Region.

- Max-Keith-Str. 66a
  45136 Essen
  Tel. 02 01/65 05 48 20
  www.manufakt.ruhr
  Instagram: @manufakt.ruhr

Am Baldeneysee: Wozu in die Ferne schweifen, wenn das Gute doch so nah liegt!

8

Einmal um den Baldeneysee

Ein geliebter Stausee,
ein Wanderweg mit Anspruch und
die bildschöne Villa Hügel, einst
Domizil der Unternehmerfamilie Krupp

Urlaubsfeeling am Ruhrstrand

Wer Essen sagt, muss auch Baldeneysee sagen. Während hier früher noch die Kumpel mit der Fähre zu den Zechen fuhren, ist der größte Stausee des Ruhrgebiets heute ein Paradies der Naherholung und eines der beliebtesten Ausflugsziele in Nordrhein-Westfalen.

Dabei war der See ursprünglich aus einem ganz anderen Grund angelegt worden. Ende der 1930er-Jahre boomte die Industrie in Essen. Die Folge: Immer mehr Einwohner benötigten immer mehr sauberes Trinkwasser. Und um das zu gewährleisten, sollte die Fließgeschwindigkeit der Ruhr geändert werden – eben langsamer werden, umso mehr können sich die Schwebstoffe im Wasser absetzen, damit der Fluss sich selbst reinigen kann. Und so wurde zwischen 1931 und 1933 von rund 2000 Arbeitern mit Spitzhacke, Schaufel und jeder Menge Muskelkraft der Stausee ausgehoben.

Aber der Baldeneysee hatte noch einen ganz anderen Zweck. Das Ruhrgebiet war zum damaligen Zeitpunkt durch die Bergbauindustrie

Baldeneysee: Tummelplatz für Badegäste, Ruderer, Stand-up-Paddler und Segler

bereits von Ruß bedeckt und mit Rauch durchzogen. Der See kam da gerade recht und fungierte fortan als grünes Naherholungsparadies.

Ende der 1930er-Jahre entstand schließlich auch das erste Freibad. Geschwommen wurde in eigens dafür angelegten Becken, aber auch beim Sprung vom Sprungturm landete man im See. In den 1950ern wurde das Baden in der Ruhr dann sogar verboten, 1971 auch in den Becken. Der Grund: die schlechte Wasserqualität des ehemaligen Industrieflusses. Erst seit 2017 äußert die Hygienebehörde keinerlei gesundheitliche Bedenken mehr. Das Schwimmen ist allerdings nur über den Zugang des Seaside Beach erlaubt.

HÄTTEN SIE'S GEWUSST?

Baldeney

Ein bisschen ulkig klingt der Name ja schon: Baldeney. Aber woher stammt er überhaupt? Eine mögliche Theorie: Das Schloss Baldeney liegt an der »balden Aue«, also der engen oder auch abschüssigen Niederung zwischen Ruhr und Berghang. Nachdem diese bereits namensgebend für die Wasserburg war, stand sie später auch für den See Pate, weil das Stauwehr ursprünglich in ihrer Nähe errichtet werden sollte.

Runterkommen bei der Rundfahrt

Wer mit seinem Kopf lieber über Wasser bleiben möchte, der kann sich bei den vielen Wassersportarten von Kanufahren über Segeln bis hin zu Rudern und Stand-up-Paddling austoben. Sogar ein Tauchclub findet sich am Ufer. Es gibt nicht nur Fußball im Ruhrgebiet, die Wasserratten holen ganz schön auf …

»Warum genau muss man eigentlich noch in ein Flugzeug steigen und Urlaub am anderen Ende der Welt machen?«,

denke ich, während ich mein Rad abschließe und es mir auf einer Bank am Ufer bequem mache. Die Sonne scheint vom Himmel und be-

Wanderern bieten sich vom BaldeneySteig herrliche Ausblicke auf den See.

schert mir an diesem Nachmittag weit über 20 Grad, der See im satten Blau liegt ruhig und still zu meinen Füßen, das Grün der Bäume ringsherum tut den Augen gut. Mehr braucht man eigentlich nicht. Oder?

Zumal der Baldeneysee auch außerhalb des Wassers einiges zu bieten hat. Wer es etwas ruhiger angehen möchte, der entert am besten eines der Schiffe der »Weißen Flotte«. Ursprünglich als Fährverkehr für die Kumpel eingerichtet, ist die »Weiße Flotte« mittlerweile die größte Reederei der Metropolregion Ruhr. Sie bietet Touren über die Ruhr und den Rhein-Herne-Kanal, aber in den Sommermonaten vor allem natürlich auch Rundfahrten über den Baldeneysee an.

Kleine und große Seerunden

Auch per pedes kann man den See und das Ufer zu Fuß erkunden. Die kleine Seerunde hat eine Strecke von gut 4,5 km und startet am Regattahaus in der Freiherr-vom-Stein-Straße direkt am Ufer. Südwärts geht es vorbei an der alten Stadtmauer und der Brehminsel im Flusslauf der Ruhr, ehe man schließlich die wunderschöne Altstadt von Essen-Werden erreicht. Von dort aus führt der Weg am Wasser entlang zurück in Richtung Regattahaus.

Genau dort startet auch die große Seerunde mit einer Länge von gut 14 km. An der Staumauer hält man sich jedoch links in Richtung Fischlaken. Es geht vorbei an der Bar Das Haus am See und dem Biker-Treff Haus Scheppen. Bei Niko's Biergarten am See gelangt man über die ehemalige Eisenbahnbrücke Kupferdreh-Heisingen wieder auf die andere Seeseite und zurück zum Ausgangsort.

Der BaldeneySteig

Wer noch nicht genug hat, der wählt am besten die dritte Variante: den BaldeneySteig. Der 2017 eröffnete, gut 27 km lange Rundweg führt einmal um den gesamten See und trägt seinen Namen nicht ohne Grund. 600 Höhenmeter gilt es zu bewältigen. Die Route ist an vielen Stellen anspruchsvoll und erfordert gute Kondition und Trittsicherheit, entlohnt aber mit einem herrlichen Wander- und Naturerlebnis.

Auch, weil entlang des Weges Abstecher zu besonderen kulturellen Highlights möglich sind, die von der Hauptroute aus erlaufen werden können. Der längste ist mit 4 km der Rundgang durch den Stadtteil Essen-Werden. Die anderen, deutlich kürzeren Abstecher führen zur Korte Klippe, zur Ruine Neu-Isenburg und durch die Siedlung Brandenbusch, die um 1885 für das Personal – insgesamt rund 600 Bedienstete – der benachbarten Villa Hügel, in der die Unternehmerfamilie Krupp lebte, erbaut wurde.

Industriegeschichte der Villa Hügel

Der BaldeneySteig führt auch an dieser berühmten Villa vorbei. Das schlossähnliche Anwesen mit 8100 m² Wohn- und Nutzfläche und mehr als 269 Räumen liegt im Stadtteil Bredeney, genauer gesagt im 28 ha großen Hügelpark – standesgemäß natürlich über dem Ruhrtal und dem Baldeneysee thronend.

Früher war die Villa der Wohnsitz der Unternehmerfamilie Krupp und doch weit mehr als nur das.

Nämlich ein Symbol des Zeitalters der Industrialisierung Deutschlands. Heute ist das Anwesen samt der opulenten Parkanlage ein echter

Hier am Baldeneysee habe ich alles, was ich brauche: die Schönheit der Natur, Ruhe, gute Luft, Heimat …

Besuchermagnet. Das Hauptgebäude, »Großes Haus« genannt, diente der Familie Krupp als Wohnsitz und ist mit historischen Möbeln, Familienporträts, wertvollen Wandteppichen und anderen Schätzen ausgestattet. Das »Kleine Haus« informiert in einer Dauerausstellung über die Geschichte der Familie und des Unternehmens Krupp. Auch ein Spaziergang durch den Park und entlang der Terrasse des Gebäudes ist unbedingt zu empfehlen.

Von seltenen Vögeln und Schildkröten

Ein weiteres Highlight befindet sich am Seeufer im Essener Stadtteil Heisingen: das Natur- und Vogelschutzgebiet Heisinger Bogen. Bereits beim Bau des Sees in den 1930er-Jahren errichtet, dient es auch heute nicht nur einer Graureiherkolonie, sondern auch zahlreichen Haubentauchern, Kormoranen und anderen bedrohten Vogelarten als Brutstätte.

Selbst selten gewordene Spezies wie der Eisvogel oder der Zwergtaucher lassen sich in Ufernähe blicken.

Genau wie jede Menge Rotwangenschildkröten. Die tummeln sich zwar erst im See, seit sie von ihren Besitzern unbedacht ausgesetzt worden sind, aber haben sich seitdem nach Lust und Laune vermehrt.

Ein Paradies für Menschen und Vögel: das Naturschutzgebiet Heisinger Bogen

Die »Weiße Flotte« bietet eine Reihe von Ausflugsfahrten auf dem Baldeneysee an.

Was?

Eine vergnügliche Schifffahrt auf dem Baldeneysee

Wo, wann?

»Weiße Flotte«

Mit der »Weißen Flotte« kann man schöne Linien- und Eventfahrten auf dem Baldeneysee, der Ruhr oder dem Rhein-Herne-Kanal unternehmen, z. B. Fahrten in den Sonnenuntergang, zu kulinarischen Themen (Kapitänsbrunch, Martinsgans-Essen) oder die Fünf-Schleusen-Fahrt. Für Tagungen, Events und Partys kann man sich sogar ein Schiff mieten. Und wer sich traut, kann mit dem Schiff sogar in den »Hafen der Ehe« einlaufen.

- Hardenbergufer 379
  45239 Essen
  Tel. 02 01/185 79 90
  www.baldeneysee.com
  E-Mail: info@baldeneysee.com
  Instagram: @weisseflottebaldeney
  www.facebook.com/weisseflottebaldeney

NICHT VERPASSEN

Die Hespertalbahn

Genau wie der Baldeneysee ist auch die Hespertalbahn ein Relikt der Industriegeschichte der Stadt Essen. Früher transportierten die Züge Kalk und Eisenerz aus der stillgelegten Zeche Pörtingsiepen am Baldeneyseeufer entlang – heute sind es die Fahrgäste der Museumsbahn. Zu verdanken ist das dem Verein zur Erhaltung der Hespertalbahn (VEH), der 1975 von 18 echten Eisenbahnfans gegründet wurde. Dank ihnen wurde die Strecke nicht abgerissen, sondern ist bis heute in Betrieb. Die historischen Wagen und Lokomotiven bummeln dabei wie auch schon in den Anfangstagen mit gemütlichen 15 km/h über die Schienen. Mit allen Rangiermanövern dauert die Fahrt vom Haus Scheppen am Baldeneysee bis zum Alten Bahnhof in Essen-Kupferdreh und zurück also eine gute Stunde, die aber jede Minute wert ist. Nicht nur für Eisenbahnromantiker geeignet!

- Prinz-Friedrich-Platz 3, 45257 Essen, Tel. 02 01/80 09 13 30
  www.hespertalbahn.de, E-Mail: info@hespertalbahn.de

EIN WEITERES HIGHLIGHT NAHE DEM BALDENEYSEE

Was?

Besichtigung der neoklassizistischen Villa Hügel mit Spaziergang im herrlichen Park mit verschlungenen Wegen und eindrucksvollen Skulpturen

Wo, wann?

Villa Hügel

Die prachtvolle Villa war von 1873 bis 1945 das Wohnhaus der Industriellenfamilie Krupp und ist heute für die Öffentlichkeit zugänglich. Auch die als englischer Landschaftspark angelegten Grünflächen lohnen den Besuch. Ein Blickfang sind die Skulpturen im Park, beispielsweise das bronzene weidende Pferd des Tierbildhauers Albert Hinrich Hußmann oder die filigrane Statue »Kleine Sitzende« von Jean Sprenger. Und last but not least spenden mehr als 7000 Bäume Schatten und Wohlbefinden, von denen einige noch während der Zeit von Alfred Krupp gepflanzt wurden. Besonders schön ist der Park zur Blütezeit im April und Mai, wenn die Rhododendren ihre verschwenderische Blütenpracht zur Schau stellen.

- Hügel 15
  45133 Essen
  Tel. 02 01/61 62 90
  www.villahuegel.de
  E-Mail: office@villahuegel.de
  Villa und Historische Ausstellung Krupp: Di–So 10–18 Uhr
  Hügelpark: Di–So 9.30–19 Uhr

Die Kruppsche Villa Hügel: auch aus der Vogelperspektive ein imposanter Anblick

TIPPS

ESSEN, TRINKEN UND RASTEN UNTERWEGS

Restaurants, Biergärten und Imbissbuden laden am Wegesrand zur Einkehr ein.

12 Apostel

Restaurant mit Landhauscharakter und idyllischem Biergarten am Ruhrufer. Bodenständige und sehr leckere Küche: Omas Sülze ist hier genauso zu haben wie Gambas vom Grill, Vitello tonnato, Apfelpfannkuchen, Risotto oder Pizza.

- Ruhrtalstr. 111
  45239 Essen
  Tel. 02 01/490 24 24
  www.zwoelfapostel-essen.de
  E-Mail: info@12apostel-essen.de
  www.facebook.com/12apostel.am.staadt.essen

Haus Scheppen

Kleiner Imbiss und beliebter Treffpunkt vor allem bei Bikern. Wegen Parkplatzproblemen empfiehlt es sich, auf zwei Rädern zu kommen statt auf vier!

- Hardenbergufer 389
  45239 Essen

Der Kiosk am Haus Scheppen ist vor allem bei Bikern beliebt.

Dinieren mit Aussicht: Im Jagdhaus Schellenberg ist beides vom Feinsten.

Hügoloss

Bei diesem sympathischen Griechen direkt an der S-Bahn-Station mit Panoramaseeblick darf man sich auf landestypische Spezialitäten wie Gyros, Souvlaki, Moussaka und gefüllte Weinblätter freuen, aber auch auf feine Fischgerichte vom Holzkohlegrill. Im Sommer auf der schönen Terrasse.

- Freiherr-vom-Stein-Str. 211A
  45133 Essen
  Tel. 02 01/47 02 17
  www.restaurant-huegoloss.de
  Instagram: @restaurant.huegoloss

Jagdhaus Schellenberg

Beeindruckendes Anwesen mit Restaurant, Wintergarten und Biergarten mit Panoramablick auf den See. Serviert wird Erlesenes, von Perlhuhnbrust mit Bärlauchkruste über Wolfsbarsch mit Maispolenta bis zu vegetarischen Pilz-Cashew-Rollen mit Zwiebelmarmelade.

- Heisinger Str. 170A
  45134 Essen
  Tel. 02 01/43 78 70
  www.jagdhaus-schellenberg.de
  E-Mail: info@jagdhaus-schellenberg.de

Der kulinarische Bahnhof LUKAS

Instagram: @jagdhausschellenberg
www.facebook.com/
JagdhausSchellenberg

LUKAS – Kulinarischer Bahnhof

Eventlocation und Restaurant im wunderschönen historischen Bahnhof. Auf der gegenüberliegenden Straßenseite kann man mit einer richtigen Dampflok, der Hespertalbahn, eine Runde fahren! Große Auswahl an Vorspeisen, Burgern und Salaten.

- Prinz-Friedrich-Platz 1
  45257 Essen
  Tel. 02 01/84 83 53
  www.lukas-essen.de
  E-Mail: info@lukas-essen.de
  www.facebook.com/lukas.essen
  Twitter: @LUKASRestaurant

Südtiroler Stuben

Restaurant direkt am Wasser mit tollem Ausblick auf den See. Wie der Name schon sagt, kommen hier auch Südtiroler Spezialitäten auf den Tisch des Hauses, z. B. Speckknödelsuppe, Spinatknödel, Schlutzkrapfen und Kaiserschmarrn. Es gibt auch ein Hotel mit idyllischen Seeblick-Zimmern.

- Freiherr-vom-Stein-Str. 280A
  45133 Essen
  Tel. 02 01/47 28 48
  www.suedtiroler-stuben.de
  E-Mail: info@suedtiroler-stuben.de

LUST AUF SPIEL, SPORT UND BEWEGUNG?

Hier warten Freizeitaktivitäten wie Minigolf, Hochseilklettern und Skaten.

Minigolf Seaside Beach

Die Minigolfanlage hat täglich ab 11 Uhr geöffnet und macht mit ihren 18 Bahnen kleinen und großen Besuchern jede Menge Spaß.

- Freiherr-vom-Stein-Str. 384
  45133 Essen
  Tel. 02 01/490 60 90
  www.seaside-beach.de
  E-Mail: info@seaside-beach.de
  Instagram:
  @seaside_beach_baldeney
  www.facebook.com/Seaside.Beach.Baldeney

Seaside-Beach-Climbing

Der Naturseilgarten bietet abenteuerlustigen Menschen einen echten Adrenalinkick. Hindernis-Parcours in einer Höhe bis zu 11 m. Eigener Parcours für Kinder.

- Freiherr-vom-Stein-Str. 384
  45133 Essen
  Tel. 02 01/490 60 90
  www.seaside-beach-climbing.de
  E-Mail: info@seaside-beach.de
  Instagram:
  @seaside_beach_baldeney
  www.facebook.com/Seaside.Beach.Baldeney

Skateanlage Lanfermann

Klein, aber fein! Direkt am See gelegener Skatepark mit angrenzendem Parkplatz.

- Lanfermannfähre
  45259 Essen
  sk8park.de/lanfermannfaehre-skatepark-in-essen

Hundewiese Heisingen

Auch Vierbeiner müssen mal ausspannen. Die Hundewiese liegt nördlich vom Haus Heisingen, gegenüber des Naturschutzgebiets Heisinger Ruhraue.

Sonnige Zeiten für Badegäste am Seaside Beach Baldeney

Innenhafen Duisburg: vom britischen Stararchitekten
Norman Foster umgewandelt in eine attraktive Flaniermeile

Hafenluft in Duisburg schnuppern

Hafen von Weltrang,
Schutzpatron Nikolaus,
83 Tonnen Rheinorange und
eine magische Achterbahn

Hügel oder Überschwemmungsgebiet?

Meine vorletzte Tour bringt mich nicht nur an den Rand des Ruhrgebiets, sondern auch in das ehemalige Epizentrum der Schwerindustrie. Aber die Stadt arrangiert sich mit dem Strukturwandel – auf ganz unterschiedliche Art und Weise.

Mit Städtenamen ist das so eine Sache: Manche lassen sich ganz einfach herleiten, andere wiederum stellen einen vor große Rätsel. Bei Duisburg ist die Sache allerdings noch ein bisschen komplizierter. Es gibt nämlich gleich mehrere Theorien. Manche sind der Meinung, der Name könnte vom althochdeutschen Wort »Duis« stammen und Hügel bedeuten. Nun, von denen gibt es in und um Duisburg aber gar nicht so viele, denke ich, während ich der Stadt entgegenradle.

Dass das »Duis« vom germanischen Begriff »dheus« kommt, was so viel wie Überschwemmungsgebiet bedeutet, macht da für mich schon eher Sinn. Zumindest, wenn es danach geht, wo uns unser erstes Ausflugsziel in Duisburg hinführt. Wir sind nämlich mit Rolf und Oskar verabredet. Oder besser: mit Rolf auf Oskar. Denn »Oskar« ist ein altes Sportboot. Und gemeinsam mit den beiden wollen wir Duisburg vom Wasser aus erkunden. Denn die Stadt liegt nicht nur am Rhein, sondern hat auch den größten Binnenhafen der Welt. 1550 ha groß, werden von Duisburg hier jedes Jahr über 123 Mio. Tonnen an Containern in die ganze Welt verschifft. Jetzt dreht hier sogar die ARD mit der »WaPo Duisburg« eine eigene Serie.

Der größte Binnenhafen der Welt

Dabei hatte der Binnenhafen schon immer eine hohe Bedeutung für die Industrie in Duisburg. Seine Errichtung war nötig geworden, nachdem das Industriezentrum Duisburgs die direkte Anbindung an den Rhein verloren hatte, denn im Jahr 1200 sorgte ein Hochwasser dafür, dass sich die Ausdehnung des Rheins veränderte. Daher erfolgte zwischen den Jahren 1826 und 1832 der Bau eines Rheinkanals sowie eines da-

Rolf, ein echter Duisburger, hat mich auf seine alte Motorjacht »Oskar« eingeladen.

zugehörigen Zollhafens. In den Jahren 1840 bis 1844 kam dann noch ein Verbindungskanal zur Ruhr hinzu. Auch in den Jahren danach erfolgten zahlreiche Erweiterungen des Innenhafens. So wurde beispielsweise auch eine Eisenbahnverbindung an den Hafen angeschlossen. Die Gleise kann man heute noch sehen. Nachdem der Innenhafen in den 1960er-Jahren an Bedeutung verloren hatte, bekam er durch den Strukturwandel neues Leben eingehaucht.

Heute ist der Innenhafen eine wunderbare Mischung aus Gütertransport, Restaurants, Bars, Wohn- und Geschäftsgebäuden. Vor allem im Sommer sind die Außenterrassen der vielen Restaurants beliebt, auf denen man direkt am Wasser sitzen und plaudern, essen und trinken kann. Teilweise reichen die Terrassen der Restaurants sogar mit Stegen in das Hafenbecken hinein.

Durch den Hafen mit Rolf und Oskar

Einer, der den Hafen in und auswendig kennt, ist Rolf Köppen. »Duisburg ist echt« steht auf seinem T-Shirt – und wenn man ein wenig Zeit mit Rolf verbringt, dann hegt man daran keinen Zweifel mehr.

Rolf ist ein Duisburger Original. Eines, das – wie er selbst sagt – im Paddelboot zur Welt gekommen ist.

Was Rolf Köppen meint: Er wurde 1955 im Duisburger Stadtteil Meiderich geboren. Ganz nah am Rhein. Die Eltern sind begeisterte Wassersportler, Rolf bekommt die Leidenschaft für den Fluss also in die Wiege gelegt. Als Pressefotograf treibt es ihn dennoch raus in die große weite Welt, aber er kommt immer wieder zurück in seine Heimat, die er heute mehr denn je zu schätzen weiß. Mit seiner Kamera begleitet er auch den Strukturwandel seit den 1970er-Jahren.

100 PS, 6 Zylinder und 12 km/h Spitze

Und er fährt Boot: »Oskar«, eine alte Motorjacht mit 100 PS im Bauch, deren Sechszylinder 10, in Spitze sogar 12 km/h schafft. Bevor es so weit ist, machen wir aber erstmal die Leinen los und manövrieren uns aus dem Hafen. Und zwar im Rückwärtsgang. Ich bin nicht ganz so seefest, aber Rolf beruhigt mich. So kommt er besser von der Anlegestelle weg. Kurze Zeit später geht es vorwärts weiter. Aber wohin eigentlich?

»Wir gucken mal, woher das ganze Wasser eigentlich kommt«, sagt Rolf und grinst. Was er meint: Wir fahren dorthin, wo die Ruhr in den Rhein mündet. Aber jetzt kommt uns ein Schiff entgegen. Die »Rheinfels«. Rolf greift zum Funkgerät und spricht hinein.

Skulptur »Rheinorange«: Bei Sonnenuntergang wird sie ihrem Namen mehr als gerecht.

»Walter?«

»Ja?«, meldet sich eine kratzige Stimme.

»Wie schön, dich zu sehen«, ruft Rolf. »Guten Morgen, gute Fahrt für dich!«

»Guten Morgen, Rolf!«, kommt es zurück. Man kennt sich also, auch auf dem Wasser.

Rolf setzt mit seinem »Oskar« ein lautes Signal ab, dann geht es gemütlich tuckernd, das sonore Summen des Motors und das Rauschen des Wassers im Ohr, den Fluss hinauf.

Landschaften sehen vom Wasser betrachtet immer ganz anders aus, denke ich. Ich bekomme nochmal einen ganz anderen Zugang und eine neue Perspektive auf die Stadt und ihr Umland, das in wunderschönem Grün erstrahlt, so weit das Auge reicht.

Wo die Ruhr in den Rhein fließt

Grün, das mit einem Mal von einem Gebilde in kräftigem Rot-Gelb durchzogen wird. »Rheinorange« heißt die 25 m hohe, 7 m breite und 83 t schwere Skulptur, die vom Kölner Bildhauer Lutz Fritsch aus Stahl gefertigt wurde. Sie steht bei Rheinkilometer 780 und markiert die Stelle, an der die Ruhr in den Rhein fließt.

»Wenn man genauer hinguckt«, sagt Rolf Köppen, »erkennt man die glühende Stahlbramme – wie frisch aus dem Hochofen. Das finde ich einfach ein schönes Bild für den Rhein und die Ruhr als Transportwege für alles, was mit unserer hochkommenden Industrialisierung nach dem Zweiten Weltkrieg zu tun hat.

Der Transport von Kohle, Eisenerz und der fertigen Stahlprodukte wäre ohne Rhein und Ruhr undenkbar gewesen.«

Hier, an der historischen Landmarke, endet auch der Ruhrtalradweg. 2006 eröffnet, führt er von der Ruhrquelle bei Winterberg bis zur Mündung in den Rhein bei Duisburg und bietet auf einer Gesamtlänge von 244 km einen spannenden Kontrast zwischen Natur und Industriekultur.

NICHT VERPASSEN

Die begehbare Achterbahn Tiger & Turtle – Magic Mountain

Eine begehbare Skulptur, die aussieht wie eine Achterbahn? Gibt's tatsächlich. Und zwar in Duisburg. »Tiger & Turtle – Magic Mountain« existiert seit November 2011 und dürfte eine der bekanntesten Sehenswürdigkeiten in Duisburg sein. Die begehbare Großskulptur wurde vom Künstlerduo Heike Mutter und Ulrich Genth geschaffen, im Rahmen der Kulturhauptstadt RUHR.2010 entwickelt und Ende 2011 feierlich eröffnet. Das stählerne Kunstwerk befindet sich im Angerpark im Süden der Stadt auf der Heinrich-Hildebrand-Höhe, die nach dem 2004 verstorbenen Heimatforscher benannt worden ist. Von der 20 m hohen Skulptur aus hat man einen tollen Rundum-Blick über Duisburg, besonders, wenn die Sonne rotgolden untergeht. Die Skulptur ist Tag und Nacht geöffnet, der Eintritt ist frei.

Rein in den Rhein

Und ehe wir uns versehen, verlassen Rolf, »Oskar« und ich die Ruhr und fahren auf den Rhein.

»Das sieht alles so ruhig und beschaulich aus hier, aber der Rhein ist nicht ohne«, sagt Rolf Köppen und wirkt jetzt deutlich konzentriert. »Er ist die meistbefahrene Wasserstraße Europas. Heißt, einem begegnen täglich bis zu 600 Schiffe. Das ist schon einiges. Zumal nicht alle so gemütlich herumtuckern wie wir, sondern ordentlich Gas geben. Das sorgt nicht nur für jede Menge Verkehr, sondern bringt vor allem ein paar Wellen mit sich.«

Wir wechseln dennoch die Uferseite – und zwar wie im ganz gewöhnlichen Straßenverkehr. Zwar ohne Blinker, dafür aber mit Schulterblick – und siehe da: Von hinten kommt uns tatsächlich ein großer Pott gefährlich nah und macht uns Avancen. Also warten wir ein paar Minuten und überqueren dann die Fahrrinne.

»Im Duisburger Stadtteil Homberg am linken Ufer des Rheins«, erklärt Rolf Köppen mir, »da kann man schön essen, aufs Wasser gucken und ein Frischgezapftes trinken.«

Wunderbarer Tipp, den merke ich mir.

Dank Rolf und »Oskar« erfahre ich Wissenswertes über den Gütertransport zu Wasser.

Der Nikolaus als Schutzpatron der Binnenschiffer

Wir schippern weiter über den Rhein und biegen ins Eisenbahnbassin ab. Das wurde seinerzeit extra für die Eisenbahn gegraben. Damals, als noch keine Brücken über den Rhein führten, aber die Güter natürlich dennoch transportiert werden mussten, richtete man nämlich eine Fährverbindung für Eisenbahnwaggons ein.

»Hier«, sagt Rolf und zeigt in Richtung Ufer, »stand ein großer Trajektturm. Das muss man sich wie einen Aufzug für die Waggons vorstellen, die mit Dampfkraft vom Niveau der Schienen auf das des Wassers heruntergelassen wurden. Mit der Fähre ging es dann auf die andere Rheinseite, wo die Waggons mithilfe des Turms wieder zurück auf die Schienen gesetzt wurden und es weiterging.«

1850 ging die Anlage in Betrieb und wurde gut 40 Jahre betrieben, bis die erste Eisenbahnbrücke die Überführung nicht mehr ganz so mühsam machte.

Nicht weit vom Beckenrand befindet sich übrigens das Museum der Deutschen Binnenschifffahrt. Beheimatet in einer alten Jugendstilbadeanstalt, zeigt es ganz unterschiedliche Exponate, die das Leben und Arbeiten mit und an den Strömen Deutschlands veranschaulichen.

Im ehemaligen Herrenschwimmbad befindet sich ein Lastkahn aus dem Jahr 1913, im Damenschwimmbad ein begehbarer Nachbau eines Binnenschiffs. In der Nähe zum Museum, am gut 500 m entfernten Steiger, liegen drei Museumsschiffe, von denen der Seitenradschleppdampfer »Oscar Huber« und der Eimerkettendampfbagger »Minden« sogar besichtigt werden können.

Als wir das Bassin wieder verlassen, tippt Rolf mich an.

»Was könnte das sein?«, fragt er und zeigt mit dem Finger auf ein weiteres Gebilde am Ufer. »Sieht ulkig aus, ne?«

Ich kneife die Augen zusammen

»Ein Bischof?«, rate ich mehr, als dass ich mir wirklich sicher wäre.

»Richtig!«, sagt Rolf Köppen und lacht. »Genau genommen ist es der Bischof überhaupt: der Nikolaus! Die Statue steht seit weit über 20 Jahren dort. Unter seiner Mitra, also der spitzen Kappe auf seinem Kopf, taucht, je näher man kommt, ein zweites Auge auf.«

Wo einst Industrie »blühte«, erobert sich die Natur langsam ihr Terrain zurück.

Warum das wichtig ist? Rolf Köppen schmunzelt.

»Der Nikolaus ist der Schutzpatron der Binnenschiffer und Seefahrer!«

Und heute?

Mit dem Nikolaus im Rücken geht es wieder zurück in Richtung Ruhr und Rolfs Heimatstadt Duisburg. Was Heimat für ihn ist, möchte ich von Rolf wissen – und der muss nicht lange überlegen.

»Das Ruhrgebiet.«

Aber warum genau? Was macht es aus? Was ist das Besondere? Was unterscheidet es von anderen Gegenden?

»Das Ruhrgebiet ist abwechslungsreich. Und ehrlich. Da kriegst du auf die Fresse, und gleichzeitig wirst du geliebt.«

Und dem ist eigentlich nichts hinzufügen. Vielleicht eine Sache noch. Wie sieht er den Wandel der Region in den letzten Jahrzehnten? Die renaturierten Halden, die ausgebauten Zechen – fängt das den Wegbruch der Schwerindustrie und des Bergbaus auf?

»Dafür habe ich natürlich auch keine Patentlösung«, sagt Rolf. »Es bleibt uns nur, das zu genießen, was da ist. Aber die ehemalige Infrastruktur der Logistik für touristische Zwecke zu nutzen macht doch Sinn. Das ist eine Branche, die wächst. Wir müssen den Leuten nur zeigen, wie schön es hier ist!«

Rein in die Großstadtoase

Und genau deshalb bin ich hier. Auch wenn Duisburg nicht nur aus Kohle und Stahl besteht, hat dieser Industriezweig die Stadt natürlich stark geprägt.

Das Gelände des Landschaftspark Nord gibt einen interessanten Einblick in die Welt der Stahlherstellung. Denn der Name Landschaftspark führt tatsächlich ein bisschen in die Irre. Er ist eigentlich ein stillgelegtes Hüttenwerk. Bis 1985 wurde hier Eisen hergestellt. Nachdem das Areal nach der Stilllegung zunächst vier Jahre lang ungenutzt blieb, wurde ab

1989 auf einer Fläche von 180 ha der heutige Landschaftspark gestaltet. Die alten Gebäude stehen noch und können erkundet werden. Die alten Hochöfen sind ebenfalls begeh- oder erklimmbar und bieten einen tollen Blick über das Gelände.

Noch mehr Natur

Aber ganz ohne Natur geht's dann doch nicht: Die holt sich das Gelände nämlich langsam zurück. 700 ganz unterschiedliche Pflanzenarten finden sich auf dem Parkgelände und liefern in Kombination mit den alten Gebäuden einen herrlichen Kontrast – nicht umsonst wählte die britische Tageszeitung »The Guardian« den Landschaftspark zu einer der zehn schönsten Großstadtoasen weltweit.

Wer noch nicht genug Grün hat, findet ganz in der Nähe den Botanischen Garten. Hier, in Duisburg-Hamborn, entdeckt man Stauden- und Bauerngärten, eine Heidelandschaft und einen mediterran gestalteten Park. Dazu eine große Orangerie, in der Oliven-, Oleander- und Zitrusbäume zum Überwintern einziehen. Im hinteren Teil der Orangerie haben außerdem elf Aquarien Platz gefunden.

Im Süden der Stadt lockt die Sechs-Seen-Platte. Wie der Name schon verrät, besteht das beliebte Naherholungsgebiet aus insgesamt sechs Seen: Wambachsee, Masurensee, Böllertsee, Wolfssee, Wildförstersee und Haubachsee. Insgesamt umfasst das Areal 283 ha, davon sind ca. 25 km als Wander-, Spazier- und Radfahrwege erschlossen. Der Wolfssee bietet sogar ein großes Naturfreibad mit einem 450 m langen Sandstrand. Eine weitere Besonderheit ist der 22 m hohe Aussichtsturm auf dem Wolfssee, wo man einen tollen Blick auf Duisburg hat.

Blick auf Wolfssee und Masurensee

Ein Muss für Liebhaber von Schiffen!

Was?

In diesem Museum erfahren Sie Wissenswertes zur deutschen Binnenschifffahrt.

Wo, wann?

Museum der Deutschen Binnenschifffahrt

Hier kann man sich auf eine Reise durch die Geschichte der Binnenschifffahrt von der Steinzeit bis heute begeben, anhand vieler Modelle und Exponate, aber auch multimedial. Ein Erlebnisweg führt zu den beiden Museumsschiffen unterhalb der Schifferbörse, dem Radschleppdampfer »Oscar Huber« und dem Eimerkettendampfbagger »Minden«. Diese lassen sich vom Maschinenraum bis hin zu den Mannschaftsräumen erkunden.

- Apostelstr. 84
  47119 Duisburg
  Tel. 02 03/80 88 90
  www.binnenschifffahrtsmuseum.de
  E-Mail: service@binnenschifffahrts-museum.de
  www.facebook.com/Binnenschifffahrtsmuseum
  Museum: Di–So 10–17 Uhr
  Museumsschiffe: 15. April–3. Okt. Di–So 10–17 Uhr

WEITERE HIGHLIGHTS FÜR NATURFREUNDE

Was?

Der Botanische Garten und der Landschaftspark Nord, zwei grüne Highlights, laden zum Besuch ein.

Wo, wann?

Botanischer Garten Hamborn

Naturliebhaber dürfen sich auf Stauden- und Bauerngärten sowie eine Orangerie freuen.

- Hamborner Straße, Beecker Straße oder auch Am Stadtgarten
  47116 Duisburg
  Tel. 02 03/940 00 (Service-Center)
  Mai–Sept. tgl. 8.–18.30, Okt.–April tgl. 8–15.30 Uhr

Landschaftspark Nord

Mit durchschnittlich 1 Mio. Besuchern pro Jahr gehört der Landschaftspark Duisburg-

Nord zu den beliebtesten Natur- und Kulturlandschaften in Nordrhein-Westfalen.

- Emscherstr. 71
  47137 Duisburg
  Tel. 02 03/429 19 19
  www.landschaftspark.de
  E-Mail: info@landschaftspark.de
  Instagram:
  @landschaftsparkduisburgnord
  www.facebook.com/
  landschaftspark
  Twitter: @Landschaftspark
  Besucherzentrum: Mo–Fr 9–18, Sa, So, feiertags 11–18 Uhr
  Landschaftspark: rund um die Uhr geöffnet

NICHT VERPASSEN

Das Echo des Poseidon

Ein Meeresgott in Duisburg? Warum sollte Poseidon nicht auch auf der Mercatorinsel am Duisburger Hafen, wo Rhein und Ruhr zusammenfließen, in seinem Element sein? Seit Mai 2016 begrüßt die 10 m hohe Bronzeskulptur Schiffe aus aller Welt bei ihrer Einfahrt in den weltgrößten Binnenhafen. Geschaffen wurde die imposante Plastik vom renommierten Bildhauer Markus Lüpertz anlässlich des 300. Hafengeburtstags.

TIPPS

UNTERWEGS GUT EINKEHREN UND EINE VERSCHNAUFPAUSE EINLEGEN

Cafés, Kneipen, Feinschmeckerrestaurants & Imbissbuden – für jeden Geschmack und Geldbeutel

Café Inizio

Morgens wird leckeres Frühstück serviert, tagsüber werden typisch italienische Spezialitäten aufgetischt.

- Münchener Str. 16
  47249 Duisburg
  Tel. 02 03/34 39 19 81

Eiscafé Kaesemann

Ideal für Ausflügler und ganz in der Nähe der Sechs-Seen-Platte. Serviert werden fantasievolle Kreationen wie z. B. der Nutella-Becher, Eisbomben oder Sorbettos. Spezielle Eisbecher für Kinder.

- Walderbenweg 14
  47269 Duisburg
  Tel. 02 03/34 88 552
  www.eiscafe-kaesemann.de

Finkenkrug

Eigentlich eine Studentenkneipe, doch gibt es hier auch vorzügliches Essen wie den Elvis-Presley-Burger mit Hähnchen, Salat, Erdnussbutter und Nutella sowie das größte Bierangebot Deutschlands mit Sorten (auch Cider) aus aller Welt.

- Sternbuschweg 71
  47057 Duisburg
  Tel. 02 03/37 32 00
  www.finkenkrug.de
  E-Mail: finkenkrug@finkenkrug.de
  Instagram: @finkenkrug
  www.facebook.com/FinkenkrugDU

Kuppersmühle

Hervorragendes Restaurant am Innenhafen, das sich perfekt zur Einkehr nach einem Besuch im benachbarten Museum für Moderne Kunst anbietet.

- Philosophenweg 49–51
  47051 Duisburg
  Tel. 02 03/518 88 80
  www.kueppersmuehle-restaurant.de
  E-Mail: info@kueppersmuehle-restaurant.de
  Instagram: @kueppersmuehle_restaurant
  www.facebook.com/kueppers muehle

MOD – by Sven Nöthel

In einem ehemaligen Kuhstall findet sich ein Restaurant der Extraklasse. Sternekoch Sven Nöthel serviert hier ausgewählte Fine-Dining-Kreationen aus regionalen Produkten – mit oder ohne Fleisch. Die hervorragende Vinothek ist gemütlich und ebenfalls sehr zu empfehlen.

- Grafschafter Str. 197a
  47199 Duisburg
  Tel. 0176/23 55 78 64
  www.mod-dining.com
  Instagram: @mod_by_svennoethel

Peter Pomm's Pusztetten-Stube

Kult-Imbissbude. Die legendären Mini-Frikadellen, Pusztetten, schmecken hervorragend mit einer Portion Pommes und extra Mayo. Zu seinen Lebzeiten kehrte regelmäßig Götz George alias »Schimanski« hier ein und bestellte am liebsten die Curryletten.

- August-Bebel-Platz 7
  47169 Duisburg
  Tel. 02 03/40 03 14

Fast schon Kult: Peter Pomm's Pusztetten-Stube

Skulptur des Duisburger Bildhauers Wilhelm Lehmbruck

Ziegenpeter am Rheinpark

Wer Lust auf Kurzurlaub-Feeling hat, stattet am besten diesem Restaurant einen Besuch ab. Auf einer riesigen Sandfläche mit Blick auf den Rhein kann man köstliche regionale Gerichte genießen.

- Liebigstr. 70
  47053 Duisburg
  Tel. 02 03/72 99 95 46
  www.ziegenpeter-duisburg.de

AUSGEHEN, FEIERN, PARTIES

Eine Eventlocation der anderen Art

Villa Rheinperle

Die ehemalige Kruppsche Direktorenvilla stand viele Jahrzehnte leer. Nach einer aufwendigen Renovierung wurde ihr mit viel Liebe zum Detail neues Leben eingehaucht. Seitdem fungiert das Gebäude samt der 6000 m² großen Parkanlage als eine tolle Eventlocation.

- Villenstr. 2
  47229 Duisburg
  Tel. 020 65/917 12 11
  www.villa.rheinperle.de
  Instagram: @villarheinperle

ZEITGENÖSSISCHE UND MODERNE KUNST

Expressionismus, deutsche Kunst ab 1945 und ein hypermodernes HIGHlight in Orange

Lehmbruck Museum

Ein öffentliches Museum, dessen Schwerpunkt auf dem Werk des Bildhauers Wilhelm Lehmbruck liegt. Daneben verfügt es über eine Sammlung internationaler Skulptur der Moderne sowie Skulpturen, Plastik und Malerei des deutschen Expressionismus.

- Düsseldorfer Str. 51
  47051 Duisburg

Tel. 02 03/283 32 94
www.lehmbruckmuseum.de
E-Mail: info@lehmbruckmuseum.de
Instagram: @lehmbruckmuseum

Museum Küppersmühle

Eines der größten Privatmuseen für moderne Kunst. Die Mühle war bis zum Jahr 1972 in Betrieb und diente vor allem als Getreidespeicher. Um das Gebäude als Museum zu nutzen, wurde 1999 eine Ausstellungsfläche von ca. 3600 m² geschaffen. Insgesamt sind in der Küppersmühle über 2000 Werke, hier ganz besonders zu erwähnen die Sammlung Ströher, die vor allem deutsche Kunst ab dem Jahr 1945 zeigt, ausgestellt.

- Philosophenweg 55
  47051 Duisburg
  Tel. 02 03/30 19 48 11
  www.museum-kueppersmuehle.de
  E-Mail: office@museum-kueppersmuehle.de
  Instagram: @museumkueppersmuehle
  www.facebook.com/MuseumKueppersmuehle

Rheinorange

»Rheinorange« heißt die 25 m hohe Skulptur in Duisburg-Kaßlerfeld, an der Mündung der Ruhr in den Rhein bei Rheinkilometer 780. Die 1992 errichtete und weithin sichtbare stählerne Landmarke wurde von dem Bildhauer Lutz Fritsch gefertigt. Sie ist Teil der Route der Industriekultur und markiert das Ende des 230 km langen Ruhrtalradwegs.

- Am Bört
  47059 Duisburg

Zentrum für moderne Kunst: Museum Küppersmühle im Innenhafen Duisburg

In der DASA Dortmund erhalte ich spannende Einblicke in die Arbeitswelt von morgen.

10

Faszination des Technologiestandorts Dortmund

Malochen wird museumsreif, ein simulierter Landeanflug, surrende Drohnen und der Schuh von Mario Götze

Der Strukturwandel steht Dortmund gut

Dortmund kann mehr als nur BVB und Zoo. Die Stadt hat in den letzten Jahrzehnten einen enormen Schritt in Richtung Zukunft gemacht und sich zur Universitätsstadt und parallel zu einem bedeutenden Technologiestandort entwickelt.

Ganz schön ungewohnt, denke ich, während ich mit der rechten Hand zum Funkgerät greife und mit der Linken auf gut Glück ein paar der unzähligen Knöpfe auf dem Cockpit vor mir drücke. Die Aussicht von hier oben ist wirklich fantastisch, denke ich, während ich aus dem Fenster schaue. Vor mir ein wolkenloser Himmel in zartem Blau, unter mir das Ruhrgebiet in seiner ganzen Pracht.

Ein hektisches Piepen lässt mich zusammenzucken und erinnert mich umgehend daran, dass ich gerade Besseres zu tun habe, als meinen Blick gedankenverloren über die Gegend schweifen zu lassen. Ich fliege nämlich einen Airbus A320, und der soll jetzt zum Landeanflug auf den Flughafen Dortmund ansetzen. Also greife ich nach dem Steuerknüppel und neige die Maschine langsam in Richtung Boden. Per Knopfdruck lasse ich das Fahrwerk aus dem Inneren der Maschine. Der Flughafen kommt immer näher. Jetzt bloß keinen Fehler machen! Noch ein paar Meter, ein sanftes Ruckeln, dann rollt der Airbus sicher in Richtung Hangar.

HÄTTEN SIE'S GEWUSST?

Prominente Söhne und Töchter Dortmunds

- die Fußballspieler Marco Reus (BVB) und Kevin Großkreutz (KFC Uerdingen)
- »Tatort«-Kommissar Dietmar Bär
- Journalist und TV-Moderator Jörg Thadeusz
- Torwartlegende Hans Tilkowski
- die Politikerin und erste deutsche weibliche Parteivorsitzende Helene Wessel
- Friedrich Arnold Brockhaus, Begründer der gleichnamigen Enzyklopädie

DASA Arbeitswelt: neue Technologien, Sicherheitsstandards, Künstliche Intelligenz …

Spannende Einblicke in die Arbeitswelt

Ich wische mir den Schweiß von der Stirn. Ganz schön anstrengend und nervenaufreibend. Und das, obwohl ich natürlich keinen echten Airbus gelandet habe. Aber der Flugsimulator der DASA gibt den Besuchern einen täuschend echten Einblick in den Arbeitsalltag von Piloten, die tagtäglich auf der ganzen Welt Flugzeuge starten und landen.

Aber das ist längst nicht alles. DASA, das steht nämlich für Deutsche Arbeitsschutzausstellung. Wobei der Begriff »Arbeitsschutz« ein wenig irreführend ist. Auf 13 000 m² Ausstellungsfläche geht es nicht nur um sichere Arbeitsbedingungen, sondern man erfährt auch ungemein viel darüber, was überhaupt dafür getan wurde, dass viele Arbeitsplätze heute einen derart hohen Sicherheitsstandard haben.

Und so liefert die Ausstellung obendrein auch spannende Einblicke in die technische und kulturgeschichtliche Entwicklung der Arbeitswelt – von den Aufgabenbereichen eines Redakteurs über den beruflichen Alltag eines Buchbinders und Steuerkranfahrers bis hin zu neuen Berufsfeldern unter Einbindung von Künstlicher Intelligenz.

Willkommen im Fraunhofer-Institut!

Das Ruhrgebiet als Ort der Zukunft

Ein gutes Stichwort: Denn das Ruhrgebiet ist auch ein Ort der Zukunft. Nirgendwo in Deutschland werden so viele Patente angemeldet wie in NRW. Im Fraunhofer-Institut in Dortmund treffe ich mich daher mit Prof. Dr. Michael ten Hompel. Er ist Professor an der TU Dortmund und geschäftsführender Institutsleiter am Fraunhofer-Institut für Materialfluss und Logistik IML und wird mir einen kleinen Einblick in die Welt von morgen gewähren.

Als ich das Fraunhofer-Institut betrete, merke ich gleich, dass hier einiges los ist. Durch die Räume schwirrt und surrt, ja, was denn eigentlich?

Erst beim Näherkommen stelle ich fest, dass ich es hier nicht mit einem Schwarm aufgescheuchter Vögel, sondern mit Drohnen zu tun habe!

»Wir haben gesehen, dass Vogelschwärme sich untereinander sehr effizient organisieren«, erklärt ten Hompel. »Und Organisation von Bewegung, das ist im Grunde genommen Logistik.« Ein Hauch von Science-Fiction, den ich hier bekomme.

Wie man genau diese Logistik – beispielsweise im Hinblick auf das Ausliefern von Paketen – optimieren kann, das wird hier am Fraunhofer-Institut gemeinsam mit Wissenschaftlern der TU Dortmund erforscht. Und dafür orientieren sich ten Hompel und sein Team an den Methoden und Verfahren der Natur. Erstmal nur mit kleinen Drohnen, ehe später in der Realität größere Exemplare zum Einsatz kommen.

Aber um zu erleben, wozu die hier in Dortmund entwickelte Technik imstande ist, davon bekomme ich trotzdem einen Eindruck, als ich mit

Schutzbrille auf der Nase in den schwirrenden Schwarm hineintrete. Wie von Zauberhand weichen die Drohnen mir aus, als ob sie ein echter Vogelschwarm wären. Denn genau so sind sie auch programmiert worden!

Die Intelligenz des Drohnenschwarms lässt sich auch auf die wahnsinnig schnellen Transportroboter übertragen, die im nächsten Raum auf dem Boden hin- und herflitzen.

Ich komme kaum hinterher mit den Testpaketen, die ich nacheinander auf die für die Roboter vorgesehene Abholstation lege. Kaum landet ein Paket an seinem Platz, rauscht schon einer der kleinen Roboter in einem Affenzahn heran und lädt sich das Päckchen auf, um es zur nächsten Station zu bringen.

Der Clou: Die flinken Transporthelfer werden komplett im Fraunhofer-Institut gefertigt. Jedes notwendige Teil kommt nämlich aus dem 3D-Drucker. Die Pläne dafür stammen von einem interdisziplinären Team aus Maschinenbauern, Programmierern und Elektrotechnikern, die ihr Wissen hier in Dortmund gemeinsam bündeln.

Mit Schutzbrille auf der Nase traue ich mich in den Schwarm schwirrender Drohnen.

NICHT VERPASSEN

Der Florian im Westfalenpark

Wer dem 70 ha großen Westfalenpark, einer der größten innerstädtischen Parkanlagen Europas, einen Besuch abstattet, findet dort auch das Wahrzeichen der Stadt Dortmund: den Florian, auch »langer Lulatsch« genannt. In den 1950er-Jahren im Rahmen der Bundesgartenschau gebaut, war er das höchste Gebäude Deutschlands. Auch, wenn er das heute nicht mehr ist, lohnt sich ein Abstecher auf die Aussichtsplattform, von der aus man einen tollen 360-Grad-Blick über das Ruhrgebiet hat.

Übrigens, wussten Sie, dass der Florianturm im Westfalenpark zu seinem 40. Geburtstag im Jahr 1999 mit 58 m die längste Krawatte der Welt verpasst bekam und damit einen Eintrag im »Guinness-Buch der Rekorde«?

Der Schuh von Mario Götze

Sich aufeinander abstimmen, absprechen, Kräfte bündeln und am Ende zum Erfolg kommen, darum geht es auch beim Fußball. Das kann man jede Woche aufs Neue in der Bundesliga erleben. Oder man stattet dem Deutschen Fußballmuseum im Dortmunder Zentrum einen Besuch ab.

Natürlich finden sich unter den 1600 Exponaten auch solche geschichtsträchtigen Gegenstände wie etwa der Schuh, mit dem Mario Götze im WM-Finale 2014 das entscheidende Tor gegen Argentinien schoss. Aber das Deutsche Fußballmuseum will mehr als nur ein paar Memorabilien ausstellen. Vielmehr setzt sich die Dauerausstellung mit ganz unterschiedlichen Aspekten des Fußballs auseinander: Nicht nur die sportlichen, sondern auch die politischen, kulturellen und ökonomischen Aspekte des Sports werden thematisiert.

Kulturorte und Kindermuseen

Eine gute Viertelstunde mit dem Fahrrad in den Norden befindet sich das DEPOT: ein Kulturort, der den Namen nicht umsonst trägt. Ursprünglich war hier mal die Straßenbahnhauptwerkstatt

Mit diesen goldenen Schuhen erzielte Mario Götze den Siegtreffer bei der WM 2014.

der Städtischen Verkehrsbetriebe untergebracht. Heute ist das DEPOT ein Treffpunkt der Kreativszene von Dortmund.

Hier arbeiten Fotografen, Designer, Architekten und Grafiker, aber auch bildende Künstler. Das Besondere: Im DEPOT wird nicht nur gewerkelt und gearbeitet, sondern es gibt auch einen gastronomischen Service und ein Programm für Besucher, das von Ausstellungen über Kinovorführungen bis hin zu Märkten und Messen reicht.

Ein Kindermuseum im Westfalenpark

Danach geht es in den Dortmunder Westfalenpark. Der ist für sich genommen schon ein wirklich schöner Ort, der zum Erholen und Entspannen verlockt, vor allem aber lockt hier mit dem mondo mio! ein außergewöhnliches Kindermuseum. Schnarchlangweilige Ausstellungen sucht man hier vergebens, stattdessen lädt das Museum mit seinen vielen Mitmachstationen – nicht nur Kinder! – zum interaktiven Lernen, Forschen und Entdecken ein.

Im Deutschen Fußballmuseum kann »mann« in Erinnerungen schwelgen.

Was?

Deutschlands größte Arbeitswelt Ausstellung lohnt einen Besuch. Warum nicht mal Arbeitsbedingungen aus einer ganz neuen Perspektive betrachten?

Wo, wann?

DASA Arbeitswelt Ausstellung

Auf einer Größe von fast zwei Fußballfeldern laden spannende Erlebniswelten zum Staunen und Mitmachen ein.

- Friedrich-Henkel-Weg 1-25
  44149 Dortmund
  Tel. 02 31/90 71 26 45
  www.dasa-dortmund.de
  E-Mail: poststelle@baua.bund.de
  Mo–Fr 9–17, Sa, So 10–18 Uhr

WEITERE MUSEUMS-HIGHLIGHTS

Was?

Bestimmt lässt das Deutsche Fußballmuseum den Adrenalinspiegel so manchen Besuchers in die Höhe schnellen, während das DEPOT sich als Kunst- und Kulturort einen guten Ruf erworben hat. Kids werden sich hingegen mehr fürs Kindermuseum mondo.mio! im Westfalenpark begeistern.

Wo, wann?

Deutsches Fußballmuseum

Das Museum wurde 2015 als nationales Fußballmuseum des Deutschen Fußball-Bundes in Dortmund eröffnet: ein lebendiger Erinnerungs- und Erfahrungsort deutscher Fußballgeschichte.

- Platz der Deutschen Einheit 1
  44137 Dortmund
  Tel. 02 31/22 22 19 54
  www.fussballmuseum.de
  E-Mail: info@fussballmuseum.de
  Instagram: @fussballmuseum
  www.facebook.com/
  fussballmuseum
  Di–So 10–18 Uhr

DEPOT Kulturort

Das denkmalgeschützte Gebäude am Fredenbaumpark diente ehemals als Straßenbahnwerkstatt und fungiert heute als Kunst- und Kulturzentrum. 40 Kunst- und Kulturschaffende bieten ein abwechslungsreiches Programm, das von Tanz über Theater, Ausstellungen, Kino, Workshops bin hin zu Märkten und Festivals reicht. Gastronomie darf natürlich auch nicht fehlen.

- Immermannstr. 29
  44147 Dortmund
  www.depotdortmund.de
  E-Mail: depot@depotdortmund.de
  Instagram: @
  kulturort_depot_dortmund

mondo mio! Kindermuseum e. V.

In diesem Museum im Westfalenpark können Kinder und ihre Familien auf eine spannende Entdeckungsreise gehen.

- Florianstr. 2
  44139 Dortmund
  www.mondomio.de
  E-Mail: info@mondomio.de
  Instagram: @
  mondo_mio_kindermuseum
  Di–Fr 13.30–17, Sa, Sa 11–18 Uhr

mondo mio! zeigt Kindern, wie Technik funktioniert – hier anhand eines Solarkochers.

TIPPS

ESSEN, TRINKEN, AUSGEHEN UND SPASS HABEN

Hier finden Sie urige Wirtschaften, Brauhäuser und Restaurants für die ganze Familie.

Hafenschänke subrosa

Eine urige Hafenbar, die von den Stammgästen liebevoll »Röschen« genannt wird und neben bodenständiger Küche (Pasta, Chili mit und ohne carne) bis nach Mitternacht Livemusik (von Country über Rock'n'Roll bis Punk) Poetry-Slam und Sportübertragungen »auftischt«.

- Gneisenaustr. 56
  44147 Dortmund
  Tel. 02 31/82 08 07
  www.hafenschaenke.de
  E-Mail: info@hafenschaenke.de
  Instagram:
  @hafenschaenke_subrosa
  www.facebook.com/subrosa.DO

Hövels Hausbrauerei

Ein Brauhaus mit Tradition im Herzen Dortmunds. Der Name Hövels steht schon seit mehr als einem Jahrhundert für erstklassige Braukunst, und das hat sich bis heute nicht geändert: ausgezeichnetes Bier und leckere deutsche Küche.

- Hoher Wall 5-7
  44137 Dortmund
  Tel. 02 31/91 45 47-0
  www.hoevels-hausbrauerei.de
  E-Mail: info@hoevels-hausbrauerei.de
  Instagram: @hoevels.hausbrauerei
  www.facebook.com/HOEVELS.
  Hausbrauerei

K.Maras Grill

Türkisches familiengeführtes Restaurant mit leckeren und liebevoll zubereiteten Grill- und Pfannengerichten. Der Dönerspieß ist hausgemacht, die Produkte sind hochwertig, der Service freundlich.

- Bergstr. 63
  44339 Dortmund
  Tel. 02 31/85 60 25
  E-Mail: kmarasgrill@gmail.com
  www.facebook.com/K.Maras.Grill

THEATER, MUSIK, KUNST UND KREATIVSZENE

Theater, Schauspiel, Musik, Kindertheater, Kulturzentrum – für jedes ist etwas dabei.

Dortmunder U – Zentrum für Kunst und Kreativität

Das Kulturzentrum verbindet Kunst, Forschung, kulturelle Bildung und Kreativität. Es beherbergt u. a. das Museum Ostwall und den Hartware MedienKunst-Verein, der sich die Produktion, Präsentation und Vermittlung von

Ein Hingucker: die große Kuppel über dem Zuschauerraum des Theaters Dortmund

Medienkunst auf die Fahnen geschrieben hat.

- Leonie-Reygers-Terrasse
  44137 Dortmund
  Tel. 02 31/502 47 23
  www.dortmunder-u.de
  E-Mail: info@dortmunder-u.de
  Instagram: @dortmunderu
  www.facebook.com/dortmunderu

Juicy Beats

Neben Bochum hat auch Dortmund sein eigenes Musikfestival. Das »Juicy Beats« ist größte Electronic- und Independent-Music-Festival in Nordrhein-Westfalen und lockt mit einem vielschichtigen Line-up jedes Jahr an zwei Tagen im Juli Tausende Fans in den Westfalenpark.

- Westfalenpark
  Tel. 02 31/138 42 59
  www.juicybeats.net
  Instagram: @juicybeatsfestival

Theater Dortmund & Opernhaus Dortmund

Das Theater ist eines der größten in Deutschland und präsentiert sich mit einem tollen Programmangebot: Konzert, Musiktheater, Schauspiel, Ballett, Kinder- und Jugendtheater und der Akademie für Theater und Digitalität.

- Theaterkarree 1–3
  44137 Dortmund
  Tel. 02 31/502 72 22
  www.theaterdo.de
  E-Mail: ticketservice@theaterdo.de
  Instagram: @theaterdortmund

SPASS IM GRÜNEN

Phoenix-See
2010 auf dem Gelände des ehemaligen Stahlwerks Phoenix-Ost in Hörde angelegt, hat sich der Phoenix-See mittlerweile zu einem beliebten Ausflugsziel entwickelt. Entweder man schlendert, spaziert oder joggt auf eine Strecke von etwas mehr als 3 km um den See herum oder erkundet das Wasser mit einem Paddel-, Tret-, Ruder- oder Segelboot, ehe man sich im Anschluss in einem der vielen Restaurants, Cafés und Bars stärken kann.

- www.phoenix-see.de

Skywalk Phoenix West
Bis 1998 wurde in dem ehemaligen Hüttenwerk noch Eisenerz verhüttet. Mittlerweile stillgelegt, bietet die Anlage in Form des Skywalk Phoenix West in 64 m Höhe einen atemberaubenden Blick über den Osten von Dortmund.

- Phoenixplatz 4
  44263 Dortmund
  Tel. 02 31/39 56 29 70
  www.skywalk-dortmund.de

Überbleibsel der Stahlindustrie: die »Thomas-Birne« (ein Konverter) am Phoenix-See

Der Westfalenpark hat viele Gesichter: Hier zeigt er sich als stille Oase im Grünen.

Westfalenpark

Die 70 ha große Parkanlage ist ein beliebtes Ausflugsziel und bietet eine Fülle an Möglichkeiten für Freizeitaktivitäten. Hinzu kommen Veranstaltungen wie Festivals, Konzerte auf der Seebühne, Trödelmärkte, Abenteuerspielplätze, eine Parkeisenbahn, ein Sessellift, ein Puppentheater, die Volkssternwarte und und …

- An der Buschmühle 3
  44139 Dortmund
  Tel. 02 31/502 61 00
  westfalenpark.dortmund.de

HÄTTEN SIE'S GEWUSST?

Das hölzerne »Sonnensegel« im Westfalenpark, das 1969 anlässlich der Bundesgartenschau gebaut wurde – eine freitragende Dachkonstruktion des Architekten Günter Behnisch –, bildete die Vorlage für das spektakuläre Zeltdach des Münchner Olympiastadions (1972).

Das Ruhrtal: Zu beiden Seiten des Flusses eingerahmt von Wald- und Auenlandschaft sowie sanften Hängen ist es ein wunderbares Terrain für Wanderer und Radfahrer.

Und noch mehr Ruhrgebiet

Das lohnt sich außerdem

Sie haben nun meine Lieblingsorte im Ruhrgebiet kennengelernt. Aber auch abseits der Strecke gibt es jede Menge Interessantes zu entdecken, das Sie nicht verpassen sollten.

A40

Wenn wir über das Ruhrgebiet sprechen, dann dürfen wir natürlich auch die A40 nicht außer Acht lassen. Die Bundesautobahn verläuft von West nach Ost in einer Länge von derzeit 95,4 km von der niederländischen Grenze bei Straelen über den linken Niederrhein durch die Ruhrgebiets-Großstädte Moers, Duisburg, Mülheim an der Ruhr, Essen und Bochum bis nach Dortmund – und gehört mit teilweise mehr als 100 000 Fahrzeugen täglich zu den Schnellstraßen mit den höchsten Verkehrsaufkommen in Deutschland.

Aber nicht nur das: Die A40 war schon Schauplatz zahlreicher künstlerischer Darbietungen – von der »Eichbaumoper« bis zur »Symphonie A40«. Im Rahmen des Kulturhauptstadtjahres RUHR.2010 wurde die Autobahn außerdem von Duisburg bis Dortmund für den Motorverkehr gesperrt und mit rund 20 000 Bierzeltgarnituren zum Feiern genutzt. So was gibt es auch wirklich nur im Ruhrgebiet!

Bottrop – Tetraeder

Wer schon mal über die A42 gefahren ist, dem wird mit Sicherheit das Haldenereignis Emscherblick aufgefallen sein. Das imposante Tetraeder ist ein echter Hingucker. Die 60 m hohe Pyramide mit drei Seiten wurde auf vier Säulen errichtet und schwebt so scheinbar über der Halde Beckstraße im Bottroper Stadtteil Batenbrock. Noch besser wird's, wenn man sich auf eine der drei Aussichtsplattformen des Tetraeders traut. Die frei schwebenden Treppen sind zwar nichts für schwache Nerven, aber der Mut und die Strapazen werden belohnt, wenn man in 38 m Höhe auf dem dritten Podest ankommt und den Ausblick bis nach Duisburg und Gelsenkirchen genießen kann.

- Beckstr. 57a
  46238 Bottrop
  Rund um die Uhr geöffnet

Gladbeck – Wasserschloss Wittringen

Im wunderschönen Wald Wittringen vor den Toren der Stadt Gladbeck thront inmitten eines Teichs auf einer Insel ein echtes Wasserschloss. Um den relativ jungen Bau im Stil der Neorenaissance, dessen Wurzeln bis ins 13. Jh. zurückreichen, gruppieren sich Teichanlagen, Kinderspiel- und Sportplätze sowie weitläufige Grünflächen mit verschlungenen Wegen, die – genau wie der üppige Wald um das Schloss herum – zu tollen Spaziergängen einladen. Im Wasserschloss befindet sich zudem ein Museum, das in einer Dauerausstellung die Geschichte der Stadt Gladbeck zeigt. Und ein Restaurant gibt's übrigens auch.

- Burgstr. 64
  45964 Gladbeck
  www.wasserschloss-wittringen.de

Wasserschloss Wittringen

Grubenhelden

Das Erbe der Bergleute im Ruhrgebiet wird nicht nur durch die Zechenmuseen und Halden, sondern auch durch die Grubenhelden weitergetragen. 2016 in Gladbeck gegründet, erzählt das Modelabel durch Kleidung die Geschichte des deutschen Steinkohlebergbaus weiter: In jedem T-Shirt, Hoodie, Hemd und Accessoire ist ein Teil eines originalen Grubenhemdes verarbeitet, das früher einmal von einem Bergmann getragen worden ist, und macht so jedes Kleidungsstück zu einem echten Unikat. Neben Kleidung für Frauen und Männer gibt es natürlich auch eine Kinderkollektion – »Kohlenknirpse«. Mittlerweile vertreiben die Grubenhelden ihre Revier-Originale nicht mehr nur online, sondern haben in Gladbeck in der Halle 12 des Zollvereins in Essen, im CentrO Oberhausen und in Düsseldorf eigene Stores eröffnet.

- Maria-Theresien-Str. 1
  45964 Gladbeck
  Tel. 020 43/402 17 58
  www.grubenhelden.de
  Instagram: @grubenhelden

Hamm – Maximilianpark

Wo einst die Zeche Maximilian der westfälischen Stadt Hamm war, entstand 1984 anlässlich der Lan-

Das Wahrzeichen von Hamm: Horst Relleckes »Glaselefant« im Maximilianpark

desgartenschau der Maximilianpark. Wer den Park betritt, muss natürlich unbedingt dem gläsernen Elefanten, einer vom Künstler Horst Rellecke zu einer begehbaren Plastik verwandelten Kohlenwäsche, einen Besuch abstatten. Im Herzen der Parkanlage befindet sich auch das größte tropische Schmetterlingshaus Nordrhein-Westfalens. Das Gebäude ist klimatisiert, und mit bestimmten Pflanzen und Futterstellen bietet es einen optimalen Lebensraum für mehr als 200 frei fliegende Falter aus bis zu 80 verschiedenen Arten.

- Alter Grenzweg 2
  59071 Hamm
  www.maximilianpark.de

Haltern am See – Westruper Heide

Zwar nicht in Gänze im Ruhrgebiet gelegen, sondern in Teilen schon zum Münsterland gehörend, muss ich an dieser Stelle dennoch auf die Westruper Heide hinweisen. Während zum Anfang des 19. Jh. noch weite Bereiche der Region mit Heideflächen bedeckt waren, ist die Westruper Heide heute ein Überbleibsel aus dieser Zeit. Die 1937 unter Naturschutz gestellte Heide zeigt sich vor allem zur Blütezeit in den Sommermonaten von ihrer schönsten Seite – und bietet darüber hinaus zahlreichen seltenen Tierarten ein Rückzugsgebiet.

- www.westruper-heide.de

Hattingen – die Altstadt

Viele Städte im Ruhrgebiet wurden im Zweiten Weltkrieg zerbombt und mussten nach 1945 wieder aufgebaut und saniert werden. Hattingen blieb jedoch verschont – glücklicherweise, muss man sagen. Denn aus diesem Grund – und weil die Hattinger in den 1950er-Jahren begannen, ihre Altstadt liebevoll zu sanieren und als eine der ersten deutschen Kommunen den Ortskern zu einer Fußgängerzone erklärten – kann man dort heute fast 150 originale mittelalterliche Fachwerkhäuser bestaunen. Ein besonderer Blickfang ist dabei das 1611 erbaute Bügeleisenhaus in Form des gleichnamigen Haushaltsgeräts, in dem sich ein Museum des Heimatvereins befindet. Das alte Rathaus ist ebenfalls einen Besuch wert. Wer mag, lässt die malerische Altstadt hinter sich und steigt noch zu einer der drei Burgen auf.

Kamp-Lintfort – Kloster Kamp

1123 als erstes Zisterzienserkloster auf deutschem Boden erbaut, diente das Kloster auf dem Kamper Hügel jahrhundertelang als wichtiges religiöses Zentrum der ursprünglich in Frankreich ansässigen Mönche. Außer der Abteikiche mit einer Orgel aus dem frühen 18. Jh. sind vor allem die üppigen Parkanlagen beeindruckend. Neben einem Barockgarten, einem alten Garten und einem Obstgarten ist auch der wunderschöne Terrassengarten erwähnenswert, der wohl als Inspiration für den Bau der Grünanlagen rund um das Schloss Sanssouci in Potsdam diente. Wer mag, verweilt im Café oder erfährt im Klostermuseum jede Menge Wissenswertes über die Geschichte der Mönche und des Gartens.

- www.kloster-kamp.eu

Mülheim an der Ruhr – Camera Obscura

In der Kuppel des alten Wasserturms am Schloss Broich befindet sich eine absolute Sensation: nämlich die weltweit größte begehbare Camera Obscura. Für alle nicht Film-Fans: Es handelt sich dabei um eine Lochkamera, die durch eine kleine Öffnung in der Kuppel des Turms mithilfe eines Spiegels das Licht auf den großen Projektionstisch wirft – und dadurch gestochen scharfe Bilder der Umgebung zeigt. Unterhalb des Wasserkessels gibt es außerdem eine Ausstellung zur Vorgeschichte des Films – von Schattenspielen über Kaleidoskope und Guckkästen bis hin zu Daumenkinos und Projektionsgeräten.

- Am Schloß Broich 42

45479 Mülheim an der Ruhr
www.camera-obscura-muelheim.de
Mi–So 10–17 Uhr

Oberhausen – Gasometer

Wer im Ruhrgebiet ist, muss natürlich auch der »Kulturtonne« einen Besuch abstatten. Wobei der Name diesem Wahrzeichen der Stadt Oberhausen gar nicht gerecht wird. Ursprünglich als Gasspeicher für die umliegenden Hüttenwerke genutzt, ist das Gasometer seit 1994 eine Kulturstätte – mit 117,5 m die höchste in ganz Europa – und zudem ein beeindruckendes Symbol für den Strukturwandel in der Region. Ein Fakt, der jede neue Ausstellung, etwa von Christo und Jeanne-Claude, zu einem ganz besonderen Erlebnis werden lässt. Von der Aussichtsplattform auf dem Dach hat man einen einzigartigen Rundblick über Oberhausen und das umliegende Ruhrgebiet.

- Arenastr. 11
  46047 Oberhausen
  www.gasometer.de
  Di–So 10–18 Uhr, in den NRW-Ferien und an Feiertagen durchgehend von 10–18 Uhr

Ruhrtal – Kemnader See

Zwischen Witten, Hattingen und Bochum erstrahlt der blaue Juwel des Ruhrgebiets: der Kemnader See. Der jüngste Stausee der Region zieht nicht nur am Wochenende jede Menge Menschen an – kein Wunder: Bietet er doch jede erdenkliche Freizeitmöglichkeit und stellt somit ein paradiesisches Naherholungsgebiet dar. Einen kurzen und einen langen Rundweg für Wanderer und eine Strecke für Inline-Skater hat der Kemnader See ebenso vorzuweisen wie ein Freibad, eine Surfschule, Beachvolleyballfelder, einen Golfplatz sowie jede Menge Biergärten, Restaurants und Cafés. Die »MS Kemnade« lädt außerdem zu einer gemütlichen Rundfahrt über den See ein.

- www.kemnadersee.de

Tag der Trinkhallen

Was dem Berliner sein »Späti«, ist den Menschen im Ruhrgebiet die Trinkhalle. Im Zuge der Industrialisierung errichtet, um den Arbeitern alkoholfreie Getränke wie Mineralwasser als Alternative zu Alkohol und dem ungenießbaren Leitungswasser anzubieten, entwickelten sich die »Wasserhäuschen« in den Jahrzehnten darauf mit umfangreicherem Angebot zum Dorfplatz einer jeden Großstadt. Einmal im Jahr, meistens im August, huldigt das Ruhrgebiet dem mittlerweile zum Kulturgut ernannten Büdchen mit einem eigenen Tag, an dem es an vielen Trinkhallen ein reichhaltiges Kulturprogramm gibt. Auf eigens ausgearbeiteten Routen kann man die Budentour durch verschiedene Städte auch mit dem Fahrrad unternehmen.

- Tel. 018 06/18 16 20
  www.tagdertrinkhallen.ruhr
  Instagram: @tagdertrinkhallen

Witten – Bergbauwanderweg Muttental

Zechen und dazugehörige Museen gibt es im Ruhrgebiet einige. Aber mindestens genau so interessant ist das Muttental in Witten. Dort befindet sich nämlich ein Bergbauwanderweg, der einen auf 9 km Länge bis zur Wiege des Ruhr- und Steinkohlebergbaus mitnimmt, der hier mit 60 Kleinzechen seinen Anfang nahm. Einer Sage nach stieß ein Schweinehirt hier auf die Kohle, nachdem er am nächsten Morgen die noch glühenden »Steine« seines Feuers vom Vortag entdeckte. Von den darauffolgenden fast 500 Jahren Bergbaugeschichte zeugt der Bergbaurundweg mit 30 Stationen des Bergbaus sowie mit detailgetreu rekonstruierten Industriedenkmälern und Nachbauten.

Ein verlassener Stollen im Muttental, heute zum Bergbauwanderweg umfunktioniert

Das Ruhrgebiet von A–Z

ANREISE

Mit dem Auto

Das Ruhrgebiet verfügt über ein sehr gut ausgebautes Autobahnnetz in alle Richtungen. Mit dem Auto fährt man am besten über die Autobahnen A2, A3, A40, A42 und A52 ins Ruhrgebiet.

Mit der Bahn

Mit dem Zug erreicht man unkompliziert alle Städte und Regionen im Ruhrgebiet. Große Hauptbahnhöfe mit überregionalen Verbindungen und Umsteigemöglichkeiten in alle Richtungen des Reviers gibt es etwa in Essen, Duisburg oder Dortmund. Ab Hauptbahnhof hat man über den Verkehrsverbund Rhein-Ruhr (VRR) hervorragende Anbindung an S-Bahn, Tram und Bus, die mehr als 10 000 Haltepunkte in der ganzen Region ansteuern.

APPS

Digitaler Radtourenplaner.Ruhr

Eine App für alle Fahrradfahrer. Der Radroutenplaner ist die perfekte App, um die nächste Spritztour durchs Revier zu planen. Mit offiziellen RevierRouten und Tourenideen und einem Navigationssystem für fahrradfreundliche Routen.

Halden-Hügel-Navi

Eine App für Themen- und Bergwanderungen über Halden, Hügel, Täler und Flüsse im nördlichen Ruhrgebiet. Auf zwölf Thementouren mit rund 150 virtuellen Erzählstationen erfährt man Wissenswertes über den Bergbau, den Landschaftswandel, die Industriekultur, die Städte und Menschen.

RevierSport Top 10

Jeden Abend um 19.30 Uhr erfährt man die zehn wichtigsten Nachrichten rund um den Sport aus dem Ruhrgebiet. Nicht nur alle Fußballbegeisterten werden mit brandneuen Infos und Fotos versorgt.

RUHR24

Diese App liefert Nachrichten über alle Städte im Ruhrgebiet. Auch Staunachrichten und Gossip über Ruhrgebietspersönlichkeiten gibt es hier per Push-Nachricht.

VRR App

Für alle, die oft mit Öffis durchs Ruhrgebiet fahren. Neben der Fahrtenplanung kann man über die App Tickets online kaufen, sich die Fahrpläne anzeigen lassen oder über Verkehrsstörungen informieren.

AUSKUNFT

Ruhr Tourismus GmbH
Centroallee 261
46047 Oberhausen
Tel. 018 06/816 20
www.ruhr-tourismus.de

BERGBAULEHRPFADE

Wer sich für die Geschichte des Bergbaus interessiert, wird auf diesen Lehrpfaden viel Wissenswertes erfahren:

Bochum: Bergbauwanderweg Bochum-Süd und Dahlhausen

Dortmund: Syburger Bergbauweg

Duisburg: Bergbauweg Niederrhein, Duisburg-Hochheide, Duisburg-Rheinhausen

Hamm: Bergbaulehrpfad Kissinger Höhe

Sprockhövel: Spur der Kohle, Herzkämper-Mulde-Weg, Bergbauwanderweg Alte Haase

Wattenscheid: Bergbauwanderweg

- de.wikipedia.org/wiki/Liste_von_Bergbauwanderwegen_und_Bergbaulehrpfaden

Darüber hinaus laden Wander- und geotouristische Themenwege im GeoPark Ruhrgebiet ein, die sich ebenfalls Themen wie Geologie, Erd- und Bergbaugeschichte widmen: z. B. die GeoTour Baldeneysee und die GeoRouten Ruhr und Lippe.

- www.geopark.ruhr

Das Ruhrgebiet: auch im Herbst ein lohnenswertes Ziel

BESTE REISEZEIT

Für Wander- und Radtouren durchs Ruhrgebiet eignen sich am besten die Monate von Mai bis September. Generell kann man das Ruhrgebiet durch die Fülle an Sehenswürdigkeiten ganzjährig bereisen und bei schlechtem Wetter eines der vielen Museen besuchen oder in eine der gemütlichen Kneipen um die Ecke einkehren.

BUCHTIPPS

Achim Bednorz/Walter Buschmann, Der Pott – Industriekultur im Ruhrgebiet (Könemann Verlag, Köln 2020). Auf 640 Seiten gibt der opulente Bildband eine faszinierende Bestandsaufnahme des Ruhrgebiets, das zwei Jahrhunderte lang von Kohle, Stahl und Eisen dominiert war. Zu sehen sind Industriedenkmäler, Hoch- und Koksöfen, Maschinenhallen, Fördertürme, Schleusen ... und natürlich die Bergleute selbst, ihre Kleidung, ihre Arbeit, ihr hartes Leben.

Johannes Glöckner, Von Zechen und Zügen (GeraMond 2018). Ein Bildband, der Freunde von Eisenbahnen auf eine Zeitreise durch die Ära von Kohle und Stahl nimmt. Historische Aufnahmen von Dampflokomotiven, Güter-, Werks- und Zechenbahnen, die das Industriezeitalter im Ruhrgebiet mitprägten.

Frank Goosen, Sommerfest (Kiepenheuer und Witsch Verlag, Köln 2012). Der gebürtige Bochumer Kabarettist und Kultautor Goosen gilt als einer, der die schönsten und skurrilsten Heimatgeschichten erzählen kann. Und das natürlich mit schrägen Protagonisten, viel Fußball, noch mehr Gefühl und jeder Menge Lokalkolorit. Ein warmherziger Roadtrip durch den Pott. Nicht minder lesenswert sind Goosens Romane **Radio Heimat** und **A40**.

Hape Kerkeling, Der Junge muss an die frische Luft (Piper Verlag 2014). Das zweite Buch des bekannten Entertainers widmet sich seiner Kindheit im Ruhrpott. Schon früh zeigt sich Hans-Peters angeborenes komödiantisches Talent, indem der Neunjährige andere zum Lachen bringt. Eine berührende Geschichte, und auch in der Verfilmung von Regisseurin Caroline Link ein echter Glücksfall.

ERMÄSSIGUNGEN

RUHR.TOPCARD

90 Ausflugsziele im Ruhrgebiet gratis und jede Menge andere Freizeitaktivitäten zum halben Preis (z. B. Freizeitparks, Theater, Events etc.)

• www.ruhrtopcard.de

FESTE UND EVENTS

Bochum: Bochum Total, Bochumer Musiksommer, Historischer Jahrmarkt Bochum mit Steampunk-Festival, Urbanaix in der Jahrhunderthalle Bochum, Zeltfestival Ruhr

Dortmund: Juicy Beats (Musikfestival im Westfalenpark), Once upon a time auf der Zeche Zollern (Festival der Jahrmarktkultur und Straßenkunst)

Duisburg: Sommerkino im Landschaftspark Duisburg-Nord, Traumzeit-Festival im Landschaftspark Duisburg-Nord

Essen: Zechenfest auf dem UNESCO-Welterbe Zollverein, Essen Original (Musikfestival)

Hamm: Herbstleuchten im Maximilianpark (Lichtprojektionen)

Herne: Cranger Kirmes (Volksfest im Stadtteil Crange)

Marl: Grimme-Preisverleihung im Stadttheater Marl

Moers: Moers Festival (genreübergreifendes Musikfestival)
Mülheim: Ruhr Reggae Sommer
Oberhausen: Ruhr in Love (elektronische Musik), Oberhausen
Recklinghausen: Recklinghausen leuchtet, Ruhrfestspiele (Theaterfestival)

An verschiedenen Orten im Ruhrgebiet:
Klavier-Festival Ruhr: 63 Veranstaltungen in 24 Orten des Ruhrgebiets
Ruhrtriennale – Festival der Künste (Bochum, Duisburg, Essen, Gladbeck)
Tag der Trinkhallen (Trinkhallenkultur 1 Tag lang im gesamten Ruhrgebiet)

- www.ruhr-tourismus.de/de/industriekulturruhr/highlights-events.html
- www.ruhr-tourismus.de/de/veranstaltungen/festivals-und-feste.html

HÄTTEN SIE GEWUSST

... dass einer der wichtigsten Fernsehpreise Deutschlands im Ruhrgebiet verliehen wird? Der renommierte Grimme-Preis, benannt nach Adolf Grimme, dem ersten Generaldirektor des Nordwestdeutschen Rundfunks, wird alljährlich im August im Stadttheater Marl vergeben. Damit zeichnet das in Marl ansässige Grimme-Institut deutsche TV-Produktionen aus allen Genres und Programmsparten aus. Martin Brambach erhielt den begehrten Fernsehpreis im Jahr 2011 für seine schauspielerischen Leistungen in den Rollen »Tatort«, »Wie einst Lilly«, »Schön ist anders« und »Fasten à la carte«.

HALDEN IM RUHRGEBIET

Mehr als 250 sogenannte Halden, künstlich aufgeschüttete Hügel, die bis zu 140 m hoch sind, laden im Ruhrgebiet zum Besuch ein. Entstanden durch die Abfallprodukte des Bergbaus – Schlacken, Bauschutt und sogenannten Abraum – erzählen sie ihre Geschichte von Bergbau und Industrialisierung. Sie haben nicht nur das Landschaftsbild nachhaltig verändert, sondern lassen sich auch gut auf Wander-, Rad- und Mountainbike-Touren erkunden. Manche von ihnen schmücken begehbare Installationen, die sich stolz als Landmarken in den Himmel recken. Manche von ihnen gelten sogar schon als Wahrzeichen der Region. Bekannte Halden sind: Halde Hoheward, Tiger & Turtle, Tetraeder Bottrop, Halde Haniel, Halde Schwerin, Halde Pluto oder die Halde Rheinpreußen.

Ein Paradies für Radfahrer ...

KLETTERN

Kletterfreunde finden im Ruhrgebiet eine Fülle von Möglichkeiten:

Bochum, Mülheim: Kletterzentrum Neoliet

Dortmund: BigTipi im Fredenbaumpark, Kletterhalle Bergwerk (ehemalige Kokerei Hansa Dortmund), Kletterturm Dorstfeld-Süd, Tree-2Tree Hochseilgarten im Revierpark Wischlingen

Duisburg: Kletterbunker, Klettergarten im Landschaftspark Duisburg-Nord und Tree2Tree Hochseilgarten

Essen: Boulderhalle citymonkey, Neoliet, Kletterpütt in der Zeche Helene, Seaside-Beach-Climbing

Gelsenkirchen: Kletteranlage Nordstern

- www.ruhr-guide.de/freizeit/wandern-und-klettern/klettern-im-ruhrgebiet/8862,0,0.html

MEDIZINISCHE VERSORGUNG

Krankenhäuser gibt es in allen größeren Städten, darunter Bochum und Essen (Universitätskliniken), Dortmund besitzt mit dem Klinikum Dortmund (1400 Betten und 4600 Mitarbeiter) das größte kommunale Krankenhaus Nordrhein-Westfalens.

MOUNTAINBIKING

Ein Dorado für Mountainbiker ist der 2020 eröffnete Mountainbike-Rundkurs »Haard on Tour« durch die Hügellandschaft Haard im Naturpark Hohe Mark, ein zusammenhängendes und landschaftlich sehr reizvolles Waldgebiet mit schönem Kiefern-, Birken- und Eichenbestand. Für Mountainbiker ist die insgesamt 42 km lange Strecke durch die sogenannte Grüne Hölle des Ruhrgebiets ein einziges rasantes Vergnügen. Einsteigen sollte man am besten beim Wanderparkplatz Zum Dachsberg oder am Parkplatz »Mutter Wehner« in Oer-Erkenschwick.

- rvr.ruhr/themen/tourismus-freizeit/waldband/mtb-haard-on-tour

RADFAHREN

Das Ruhrgebiet umfasst ein Radwegenetz von 1200 km. Besonders beliebt und reizvoll ist der 2006 eröffnete, 240 km lange RuhrtalRadweg, der am Ruhrkopf bei Winterberg seinen Anfang nimmt und bis zur Mündung der Ruhr nach Duisburg-Ruhrort führt. Auf dieser Route lassen sich Naturerlebnisse und Höhepunkte der ehemaligen Industriekultur wunderbar »unter einen Hut« bringen.

- www.ruhrtalradweg.de
- www.ruhr-tourismus.de/de/radrevierruhr.html

ROUTE INDUSTRIEKULTUR

Diese ca. 400 km lange Themenstraße, die man sowohl auf Schusters Rappen als auch mit Rad erkunden kann, widmet sich – wie der Name schon sagt – dem vielfältigen Erbe des Ruhrgebiets: der Industriekultur mit ihren Relikten des Bergbaus: Zechen, Kokereien, Stollen, Fördertürme, Arbeitersiedlungen. Anlaufpunkte sind sechs Großstandorte: das Gasometer Oberhausen, das UNESCO-Welterbe Zollverein, der Landschaftspark Duisburg-Nord, Nordsternpark Gelsenkirchen, Jahrhunderthalle Bochum und Kokerei Hansa. Auch die König-Ludwig-Trasse in Recklinghausen ist seit geraumer Zeit Bestandteil der Route Industriekultur. Hinzu kommen 27 Ankerpunkte wie das Eisenbahnmuseum Bochum, die Henrichshütte Hattingen, das Umspannwerk Recklinghausen, das Schiffshebewerk Henrichenburg, der Chemiepark Marl oder der Innenhafen Duisburg.

- www.ruhr-tourismus.de/de/industriekulturruhr/route-der-industriekultur.html
- www.ruhr-tourismus.de/de/industriekulturruhr.html

WANDERN

Auf Naturfreunde warten herrliche Touren durchs Grüne wie der 27 km lange Wanderweg BaldeneySteig im Süden Essens, der Drei-Türme-Weg (13 km), der von Hagen in den Stadtwald führt, die Zwei-Brücken-Wanderung Bochum (4 Std.) oder der Kettwiger Panoramasteig (35 km) entlang der Ruhr. Der Hohe-Mark Steig führt von Olfen bis nach Wesel, 160 km durch den Naturpark Hohe Mark mit seinen Wäldern, Mooren und der lieblichen Auen- und Seenlandschaft. Ein schönes Wanderrevier ist auch die Elfringer Schweiz am Rand des südlichen Ruhrgebiets, die sogar ein paar steile Anstiege zu bieten hat. Auch wer pilgern will, wird fündig, denn der beliebte Jakobsweg führt durch den Ennepe-Ruhr-Kreis, vorbei an Städtchen wie Herdecke, Ennepetal und Schwelm.

- www.ruhr-tourismus.de/de/themen/wandern.html

Mini-Dolmetscher Ruhrpottisch

Allgemeines

beömmeln – über etwas amüsieren oder lachen
Blagen – Kinder
Bohei – unnötiges Aufheben um eine Sache
Buchse – Hose
bräsich – ungehalten oder verärgert sein
Brimborium – Spektakel
dalli – schnell
Dassel – Kopf
Donnerlüttchen – Ausruf des Erstaunens
Döneken – Bezeichnung für lustige Geschichten oder Äußerungen
Ette – Kosebezeichnung für Frauen oder Mädchen
Eumel – liebenswürdiger Trottel
Fiesematenten/ Fissematenten – Unsinn
Fissel – Fussel, kleine Stoffreste
Fitzelken – ein bisschen
Flitzpiepe – Dummkopf
Furzknoten – kleines Kind
Fluppe – Zigarette
Fressbrett – Gesicht
Furzmolle – Bett
Fuppes – Fußball
Futschikato – wenn etwas verschwunden ist
Hackenporsche – Einkaufstrolley
Heiermann – 5-DM-Stück
Heiopei – unzuverlässige, sprunghafte Person
Hömma! – Hör mal!
Kabachel – Haus
Kabäusken/Kabuff – kleines Zimmer
käbbeln – streiten
kackendreist – unverschämt
Kackstelzen – Beine
Kawenzmann – ein großes Stück Gestein/Kohle im Bergbau; damit kann auch eine große/breite Person gemeint sein
Ker – Kerl, Mann
kiebig – wütend sein
Killefitt – Unsinn, dummes Zeug
Klüsen – geschwollene Augen
kniepig – geizig
knöttern – nörgeln oder meckern
kodderich – unwohl sein
Kokolores – Unsinn oder Quatsch
Lalla – Musik
Maloche – Arbeit
Matte – lange Haare
meschugge – verrückt
Mopped – Universalwort; bedeutet so viel wie »Dingens«
Mottek – Hammer des Bergmanns; Werkzeug
muckelig – warm, gemütlich
Mummpitz – Unsinn oder Schwindel

So, jetzt ist Schicht im Schacht. Weiter geht's zu neuen Abenteuern. Tschüß …

nölen – meckern, sich beschweren
Nuckelpinne – kleines Auto mit schwachem Motor
Ömmes – großer Gegenstand; aber auch Freund oder Ehemann
Oschek – großer Gegenstand oder Mensch
Pampa – menschenleeres Gebiet
Pampich/pampig – frech, trotzig oder wie Pampe (Zustand)
Pampuschen – Pantoffeln
Pimpernellen – Nerven/Geduld verlieren
Pläuschken – Gespräch
poofen – tief schlafen
pöhlen – kicken, Fußball ohne Regeln
Plauze – dicker Bauch
Plünnen – Sachen
Quanten – Füße
rubbeldiekatz – schnell, unkompliziert
rumjückeln – umherziehen
rumklamüsern – basteln, arbeiten ohne festes Ziel, entwirren
rumscharwenzeln – umherschleichen
Schaluppi – Schlitzohr, listiger Mensch
Schicht im Schacht – Ausdruck, dass etwas zu Ende ist; »aus und vorbei«
schluren – nachlässig sein
Schmackes – Kraft
Schmu – Unsinn/Betrug
schnuckern – Süßigkeiten essen

Sperenzkes/Sperenzchen – Dumm-/Albernheiten, Schwierigkeiten
Tinnef – Kram, Zeug
Töle – nerviger Hund
Trallafitti – Feier, Trubel, Vergnügen, Unterhaltung
verbaseln – etwas verlieren
Verdorri! – Ausruf des Ärgers, »Verdammt!«
Wonnich? – Wohl nicht?
wurschteln – sich durcharbeiten

Begrüßungen

Glück auf! – Bergmannsgruß; wird heute noch gerne als allgemeine Begrüßung im Ruhrgebiet verwendet
Mahlzeit! – Hallo!
Mach gut! – Mach's gut!
Tach auch!/Tach zusammen! – Guten Tag
Tschüssikowski/Tschüsskes – Auf Wiedersehen
Wie isset? – Wie geht's?

Essen und Trinken

Apfelkitsche – Kerngehäuse eines Apfels
Bergmannsbraten – gebratener Hering
Bömsken – Bonbon
Bütterken – Butterbrot
Dubbel – Butterbrot
dröget Endken – kleines, luftgetrocknetes Mettwürstchen

Rapsblüte – eine Sinfonie in Gelb

Erpelschlut – Kartoffelsalat
Fitzebohnen – in schräge Streifen geschnittene grüne Bohnen
Flattermann – Hähnchen
Friko – Frikadelle
Fritten – Pommes
Frittenschmiede – Imbiss
Gulpopo – Gulasch
Grubenwasser – klarer Schnaps
Happa Happa – Essen, Mahlzeit
Häppken – Kleinigkeit
Hauerpfanne – Bergarbeitergericht
Käffken – Kaffee
Kälberzähne – gekochte Graupen
Knäppchen – knuspriges Ende vom Brot
Knifte – Butterbrot

Alljährlich Ende April findet am Dortmunder U das »Festival der Bierkultur« statt.

Kraneberger – trinkbares Leitungswasser
Kohldampf – Hunger
Mantaplatte/Mantaschale – Currywurst mit Pommes
Pannas – Gericht aus Blutwurst
Pellmänner – Pellkartoffeln
Pfefferpotthast – traditionelles Rindfleischragout
picheln – (sich) betrinken
Pinneken – kleines Schnapsglas
Pinte – Kneipe
Pilsken – Bier
Plörre – dünner Kaffee
Puckimänneken – kleine Flasche
Pommes Schranke – Pommes mit Mayo und Ketchup
Pülleken – Flasche
Schlodderkappes – Weißkohleintopf mit gebratener Blutwurst
Taxiteller – Currywurst mit Pommes plus Gyros und Tzatziki
Teller Mittach – Teller mit Resten vom Mittagessen

Wetter

Lorenz – die Sonne
dröppeln – regnen
fisseln – regnen
plästern – regnen
usselich – nasskalt, schmutzig oder ungemütlich

Ich danke Sie!

Danke sagen möchte ich den Menschen dieses Buches für ihr Vertrauen, ihre Offenheit, die guten Gespräche und ihre herrlichen Geschichten: Ingo Anderbrügge und den »Ruhrpotthelden«, Theo Schürmann, Andreas Weidner und der Schwarzkaue, Egon Kopatz, Elisabeth Röttsches und Verena Geiger vom Literaturhaus Herne, Holger Kersting, Rolf Köppen und Oskar, Prof. Dr. Dr. h. c. Michael ten Hompel und dem Fraunhofer Institut Dortmund – und all den anderen Menschen, die ich auf meinen Touren durch das Ruhrgebiet getroffen habe. Darüber hinaus gilt mein Dank auch Henning Prinz und Georg Sommer für die vielen gehaltvollen Gespräche über die Gegend und ihre Geheimtipps.

Ein herzliches Dankeschön auch an Silke Tauscher und Philip Laubach von POLYGLOTT für ihr Engagement und den Glauben an dieses tolle Projekt. Ein besonderer Dank gilt Jan Wehn, der mich bei meiner Tour so wunderbar unterstützt hat und ohne den dieses Buch so nicht möglich gewesen wäre. Meiner Lektorin Rosemarie Elsner möchte ich Danke für ihre gelungene Arbeit sagen. Ein weiteres Dankeschön geht an Jens van Zoest und Picture Puzzle Medien für die tollen Fotos. Außerdem möchte ich mich ganz besonders bei Ulrike M. Schlie und Torsten Maassen von meinem Management Picture Puzzle Medien für die langjährige und vertrauensvolle Zusammenarbeit bedanken.

Zu guter Letzt möchte ich mich vor allem bei meiner Frau Christine und meinem Sohn Anton bedanken, die mit mir viele Radtouren durch unsere herrliche Heimat gemacht haben und immer an meiner Seite sind.

Register

A

A40 172
Aalto, Alvar 112
Anderbrügge, Ingo 17
Anreise 178
Apps 178
Assauer, Rudi 45
Auskunft 179

B

Baldeneysee 125, 129
Hespertalbahn 134
Seaside Beach 127
Weiße Flotte 128, 133
BaldeneySteig 129
Heisinger Bogen 132
Krupp, Familie 132
Siedlung Brandenbusch 129
Villa Hügel 129, 135
Behnisch, Günter 169
Bergbau 17, 45, 46, 62, 63, 75, 105, 110, 173, 179, 181
Bergbaulehrpfade 179
Bergbauwanderweg Muttental, Witten 177
Beste Reisezeit 179
Bochum 93
Bahnhof Langendreer e.V. 103
Bergbaumuseum 105
Bermuda3eck 100, 104
Bochum Total 100, 104
Botanischer Garten der Ruhr-Universität 97, 101
Jahrhunderthalle 97
Rottstraße 5 Theater 104
Ruhrtriennale 97, 104
Schauspielhaus 95, 101
Zeiss Planetarium 99, 101
Böllertsee 150
Bond, James 98
Börste 31
Bredeney 129

C

Camera Obscura, Mülheim an der Ruhr 175
Currywurst 78, 87

D

Dortmund 157
DASA Arbeitswelt Ausstellung 159, 164
DEPOT 162
Deutsches Fußballmuseum 164
Florian im Westfalenpark 162
Fraunhofer-Institut 160
Juicy Beats 167
mondo mio! Kindermuseum 163, 165
Skywalk Phoenix West 168
Theater und Opernhaus 167
U – Zentrum für Kunst und Kreativität 166
Westfalenpark 163, 169
Duisburg 141
Binnenhafen 142
Botanischer Garten Hamborn 151
Echo des Poseidon 152
Innenhafen 143
Landschaftspark Nord 97, 149, 151
Lehmbruck Museum 154
Museum der Deutschen Binnenschiff-fahrt 147, 151
Museum Küppersmühle 155
Rheinorange 145, 155
Sechs-Seen-Platte 150
Tiger & Turtle – Magic Mountain 146
Villa Rheinperle 154

E

Eisenbahnbrücke Kupferdreh-Heisingen 129
Emscherbruch 54
Ermäßigungen 180
Essen 107
Aalto-Musiktheater 112, 116
Alter Bahnhof Kettwig 119
Botanischer Garten 115
Das Kleine Theater 123
Grillo-Theater 113, 116
Grugapark 115
Hundertwasserhaus 115
Lichtburg 114, 123
Mineralien-Museum 120
Museum Folkwang 108, 116
Phänomania Erfahrungsfeld 110, 120
Red Dot Designmuseum 120

Ruhr-Museum 109, 121
Zeche Zollverein 97, 109, 122, 123
Ewaldsee 54

F

Feste und Events 180
Flugplatz Loemühle 45, 57
Fußball 17, 72, 164

G

Gasometer, Oberhausen 176
Gelsenkirchen 61
Consol Theater 71
Das kleine Museum in der Zeche Hugo – Schacht 2 75
Die Werkstatt 66, 71
Erzbahntrasse 85
Musiktheater im Revier 68, 71
Nordsternpark 72
Schalke Museum 75
Schauburg 65
Steigerlied 70
VELTINS-Arena 70
Vereinslokal Schalke 04 74
ZOOM Erlebniswelt 69
Götze, Mario 162
Grillo, Friedrich und Wilhelmine 113
Grimme-Preis, Marl 181
Grubenhelden 173

H

Halde Hoheward, Herten 43, 51, 55
Drachenbrücke 52
Horizontobservatorium 53
Sonnenuhr mit Obelisk 54
Zeche Schlägel & Eisen 55
Halden im Ruhrgebiet 181
Hattingen 175
Haubachsee 150
Hauerpfanne 50
Herne 77, 88
Alte Drogerie 80, 88
Cranger Kirmes 78
Emschertal-Museum 88
Literaturhaus 80, 90
LWL-Museum für Archäologie Herne 89
Mondpalast von Wanne-Eickel 91
Revierpark Gysenberg 84, 91
Schloss Strünkede 89
Siedlung Teutoburgia 90
Tigerpalast 83
Herten
Allee des Wandels (Bahntrassen-Radweg) 44
Bergbaumuseum Mühlpforte 59
Schwarzkaue 47, 59
Vestisches Spargelmuseum 59
Zeche Schlägel & Eisen 45
Herzog, Gerd und Gaby 78, 87
Holgers Erzbahnbude 85, 87

K

Kemnader See, Ruhrtal 176
Kerkeling, Hape 20
Klein, Yves 68
Klettern 182
Kloster Kamp, Kamp-Lintfort 175
Kopatz, Egon 62
Köppen, Rolf 143
Krupp, Friedrich Alfred 114

L

Lüpertz, Markus 72, 152

M

Masurensee 150
Maximilianpark, Hamm 173
Medizinische Versorgung 182
Mini-Dolmetscher Ruhrpottisch 184
Mountainbiking 182
Müller, Holger 86

O

Oer-Erkenschwick 30
Bergbau- und Geschichtsmuseum 41
Theos Farm 39
Osthaus, Karl Ernst 108

P

Phoenix-See 168

R

Radfahren 182
Recklinghausen 14
Altstadtschmiede 16
Atelierhaus 25
Café Blond 14, 22
Hochlar 44
Ikonen-Museum 26
Kunsthalle 26
Museum Jerke 26
Neue Philharmonie Westfalen 15, 22

Pferdemetzger Hobbold 24
Ruhrfestspiele 20
Zeitreise Strom: Das Deutsche Elektrizitätsmuseum 26
Röttsches, Elisabeth 83
Route Industriekultur 51, 183
Ruhrpotthelden 19
Ruhrtalradweg 145

S

Schmitt, Saladin 96
Schürmann, Theo 30
Stimberg, Haard 38

T

Tag der Trinkhallen 176
ten Hompel, Michael 160
Tetraeder, Bottrop 172

W

Wambachsee 150
Wandern 183
Wasserschloss Wittringen, Gladbeck 172
Weidner, Andreas 47
Westruper Heide, Haltern am See 174
Wildförstersee 150
Wolfssee 150
Wortmann, Sönke 30

Z

Zeche Ewald 51, 53

Bildnachweis

Coverfoto: Martin Brambach © Jens van Zoest; Landschaftspark Duisburg Nord Himmel © Shutterstock/jakkapan, Landschaft © Getty Images/Nachteule

Fotos Umschlagrückseite: © Jens van Zoest, HUBER IMAGES: Hans-Peter Merten

Fotos Umschlag innen: Alle Bilder © Jens van Zoest außer: imago stock: U2-2, imago images: Zoonar: U2-3, U2-4; HUBER IMAGES: H.-J. Jockschat U2-7; Shutterstock: U2-9; laif: M. Kirchner: U2-10

Alle Fotos © Jens van Zoest außer: Alamy Stock Photo: R. Oberhäuser 136, J. Tack 137; arte »Square für Künstler - Heimat:Revier«, Produktion: Picture Puzzle Medien: 18, 19, 32/33, 34, 37, 46, 52, 143, 147, 161, 182; dpa/picture alliance 165; Frank Rogner 65, 67; GettyImages: EyeEm 36, Bongarts/C. Koepsel 163; Gideon Pisanty CC BY 3.0 110; HUBER IMAGES: C. Piccoli 108, F. Carovillano 111, C. Bäck 115, H.-J. Jockschat 90, 99, 106; I, Arnoldius CC BY-SA 2.5 84; imageBROKER: R. Kiedrowski 114, KFS 151; IMAGO: R. Oberhäuser 47, J. Tack 138, R. Lueger 153; Imago Images: Zoonar 21, 41, 60, 91, 121, 139, 154, 159, biky 54, H. Blossey 63, blickwinkel 94, 113, J. Tack 128; imago stock 28, 66, 160; laif: M. Kirchner 27, 73, 74, 100, 156, D. Asbach 86, 120, D. Pilar 105; Literaturhaus Herne Ruhr 82; Mauritius Images: R. Oberhäuser 15, 97, T. Robbin 49, J. Jockschat 57, Pitopia 68; Nafsika Mylona 50; Picture Alliance: J. Tack 85, 150; Seasons Agency: Jalag/K. Bossemeyer 7-1, 122, 168, 170/171, 179, 185, Gräfe & Unzer Verlag/K.-M. Einwanger 39, Jalag/V. Bismo 102; Shutterstock: 6, 25, 55, 135, 140, 148, 155, 162, 164, 169, 173, 177, 187; Stefan Flöper: cc-by-sa-4.0 118; stock.adobe.com: 9-1, 9-2, 42, 44, 53, 89, 117, 126, 133, 134, 144, 146, 167, 174

Impressum

POLYGLOTT

POLYGLOTT ist eine eingetragene Marke der GRÄFE UND UNZER VERLAG GmbH

ISBN 978-3-8464-0904-6

1. Auflage 2022

Text: Martin Brambach, Jan Wehn
Redaktion und Projektmanagement: Silke Tauscher
Lektorat: Rosemarie Elsner
Bildredaktion: Dr. Nafsika Mylona
Satz: Mediendesign Anne Tegler
Kartografie: Gerald Konopik, Fürstenfeldbruck
Schlusskorrektur: Ulla Thomsen
Umschlaggestaltung und Layout: Favoritbuero Gbr
Herstellung: Linda Wiederrecht
Repro: Medienprinzen, München
Druck und Bindung: Livonia Print, Lettland

GRÄFE UND UNZER

Ein Unternehmen der
GANSKE VERLAGSGRUPPE

Wichtiger Hinweis
Die Daten und Fakten für dieses Werk wurden mit äußerster Sorgfalt recherchiert und geprüft. Wir weisen jedoch darauf hin, dass diese Angaben häufig Veränderungen unterworfen sind und inhaltliche Fehler oder Auslassungen nicht völlig auszuschließen sind, zumal zum Zeitpunkt der Drucklegung die Auswirkungen von Covid-19 auf das Hotel- und Gastgewerbe vor Ort nicht vollständig abzusehen waren. Für eventuelle Fehler oder Auslassungen können Gräfe und Unzer und die Autoren keinerlei Verpflichtung und Haftung übernehmen.
Aus Gründen der besseren Lesbarkeit wird in diesem Buch bei Personenbezeichnungen das generische Maskulinum verwendet. Es gilt gleichermaßen für alle Geschlechter.

Ansprechpartner für den Anzeigenverkauf:
KV Kommunalverlag GmbH & Co. KG, MediaCenter München, Tel. 089/928 09 60

Bei Interesse an maßgeschneiderten B2B-Produkten:
roswitha.riedel@graefe-und-unzer.de

Leserservice
GRÄFE UND UNZER Verlag
Grillparzerstraße 12, 81675 München
www.graefe-und-unzer.de

Umwelthinweis
Nachhaltigkeit ist uns sehr wichtig. Der Rohstoff Papier ist in der Buchproduktion hierfür von entscheidender Bedeutung. Daher ist dieses Buch auf PEFC-zertifiziertem Papier gedruckt. PEFC garantiert, dass ökologische, soziale und ökonomische Aspekte in der Verarbeitungskette unabhängig überwacht werden und lückenlos nachvollziehbar sind.